Wilfried Engemann
Wider die Verdummung des Salzes

Wilfried Engemann

Wider die Verdummung des Salzes

Predigten
aus dem Bauch der
»Dicken Marie«

Evangelische Verlagsanstalt

Die Deutsche Bibliothek - CIP-Einheitsaufnahme
Engemann, Wilfried:
Wider die Verdummung des Salzes : Predigten aus dem Bauch
der »Dicken Marie« / Wilfried Engemann. - Leipzig : Evang.
Verl.-Anst., 1993
ISBN 3-374-01475-5

ISBN 3-374-01475-5

© 1993 by Evangelische Verlagsanstalt GmbH, Leipzig
Printed in Germany · H 6452
Satz: CDT Andreas Paul
Druck: Messedruck Leipzig GmbH

Ich widme dieses Buch dem Andenken an
Norbert Heber († 1992).
Die Idee, Bert Brechts Geschichte von Alkuin
(vgl. S. 23) mit der Seligpreisung der Armen in
Verbindung zu bringen, geht auf eine Predigt
zurück, die N. H. 1983 als Student
in Leipzig gehalten hat.

Zu diesem Buch

Seit dem Herbst 1989 sind reichlich drei Jahre ins Land gezogen. In dieser Zeit haben wir - ganz gleich, ob diesseits oder jenseits einer nicht mehr an Anhäufungen von Beton und Stacheldraht markierten »Grenze« lebend - einen Weg zurückgelegt, der mehr von uns gefordert hat als andere Strecken zuvor. Tagtäglich vor Entscheidungen zu stehen, die mit Anpassung oder Anpassungsverweigerung zu tun haben, mit Sich-Umstellen oder Umgestellt-Werden, mit Sich-Dreinfinden oder Den-Anschluß-Verpassen - das hat manchen nicht nur gefordert, sondern auch überfordert.

Es war und ist eine Zeit der »Prüfungen«. Ich meine das keineswegs zuerst in einem (womöglich zynischen) theologischen Sinn, sondern in der erstbesten lexikalischen Bedeutung des Wortes. Alles kam auf den Prüfstein: Einstellungen und Einsichten, Einrichtungen und »Errungenschaften«, Programme und Methoden, Wirtschaftskonzepte und Lebenspläne. Alles und jedes unter der Frage, ob es so richtig ist, ob es so sein darf.

In solchen Zeiten eine Kanzel zu betreten hat etwas Beschwerliches einerseits und etwas Herausforderndes andererseits. Das Beschwerliche liegt auf der Hand: Die Frage, *wie es weitergehen soll,* hat einen Markt von Lösungsangeboten provoziert, dessen Repertoire von Empfehlungen zur Aufarbeitung der Vergangenheit bis zu der Hilfestellung reicht, »sein eigener Chef« zu werden. Angesichts dieser zuweilen hysterisch und aggressiv unter die Massen geschleusten Überlebensstrategien habe ich als Prediger manchmal das Bedürfnis gehabt, zu schweigen - mich nicht »auch noch« zu beteiligen am Wettbewerb der Konzepte. - Andererseits blieb die von manchem erwartete Gottesdienstverdrossenheit nicht nur aus, sondern das Erscheinen neuer Gesichter signalisierte, daß neben all den offiziell verordneten »Prüfungen« das Bedürfnis gewachsen war, etwas ganz anderes zu versuchen: selbst zu erproben, ja, wissen zu wollen, ob und wozu in dieser Situation das Evangelium taugt - ob es sich *jetzt* bewährt.

So brauche ich keinen Hehl daraus zu machen, daß die widerstehende Beständigkeit anderer Menschen, insbesondere von Gliedern meiner Gemeinde, wesentlich dazu beigetragen hat, auch das Predigen einer Prüfung zu unterziehen. Dies hat mich mehr als manch einleuchtende Theorie dazu veranlaßt, zum Beispiel mit stilistischen »Lösungen« zu brechen, die ich zu anderen Zeiten toleriert - vielleicht nicht einmal bemerkt hätte.

Die Predigten *Wider die Verdummung des Salzes* sind entstanden in einer Zeit, die viele Menschen zu »verdummen« drohte. Und manches Körnchen Salz - das konnte allein durch Predigen nicht verhindert werden - hat in der Tat an Kraft, an Würze eingebüßt und damit an Identität verloren.

Predigten aus dem Bauch der »Dicken Marie«: Wenn unsere Kirche vom Volksmund diesen Namen erhalten hat, dann nicht nur ihrer monumental-architektonischen Eigenheiten wegen. Es liegt auch eine Portion Geborgenheit in diesem Namen; auch Trotz und Widerstand - etwas von dem, was eine Gemeinde braucht, um zu überleben, und etwas, was sie in dieser Kirche, zweifelsohne nicht nur durch Predigten, auch empfangen hat.

Ich habe darauf verzichtet, ein allzu dickes Manuskript-Paket zusammenzustellen. Bei der Auswahl der Predigten habe ich nicht nach den »guten« geschaut, sondern versucht, einerseits einen *chronologischen Längsschnitt* und andererseits einen *gattungsbezogenen Querschnitt* zu erhalten. Das heißt, zum einen soll in diesem Buch zeitgeschichtlich zu ortende Verkündigung dokumentiert werden, zum anderen sollen verschiedene »Arten« der Kanzelrede zur Geltung kommen.

Erst jetzt, beim Durchsehen der Manuskripte, habe ich bemerkt, daß die Predigten einen zunehmend politischen Akzent haben. Dabei habe ich mich nie als politisch engagierten Prediger verstanden, eher als Seelsorger (vgl. z.B. den »Brief an Johannes den Seher«, S. 13 ff.; »Im Dunkeln in den Keller gehn«, S. 18 ff.; »Von Blähgeistern und ihrem Ende«, S. 21 ff.; »Ungedopt im Licht stehen«, S. 114 ff.) oder als Geschichtenerzähler (vgl. die beiden in dieser Zusammenstellung einzigen narrativen Predigten »Zettel an der Tür«, S. 25 ff. und »Eintrag ins Album«, S. 123 ff.). Dennoch sind es nicht die politischen Tagesthemen, die den inneren Zusammenhang der Predigten begründen, sondern - hoffentlich - das Evangelium, dessen Heilkraft sich heute unter anderem darin erweisen könnte, daß unserem Land das Salz erhalten bleibt.

> Christus spricht: Ihr seid das Salz der Erde. Wenn nun das Salz dumm wird, womit soll man's salzen? (Matthäus 5, 13a)

Greifswald, im März 1993   Wilfried Engemann

Inhalt

Ein Brief an Johannes den Seher
(Offenbarung 3, 7-13)
2. Advent (9. Dezember 1989)

Wie geht es Ihnen mit alten Briefen? Stellen Sie sich vor: Sie suchen den Christbaumschmuck auf dem Boden, und dabei fällt Ihnen ein Karton mit alten Briefen in die Hände. Briefe aus dem Anfang der siebziger Jahre. Und dann lesen Sie Dinge, an die Sie sich kaum noch erinnern können. Von einem Streit, in den Sie einmal verwickelt waren, von einer Einladung usw. - Dies alles ist längst erledigt. So ist es eben mit Briefen, die nicht für uns *jetzt* und *hier* geschrieben sind.

I.

Nun hat die Kirche ein Schreiben an uns weitergeleitet. Das sind wir gewöhnt in diesen Tagen. Ungewöhnlich aber sind Absender und Adressat, sind die Umstände und die Zeit der Entstehung dieses Briefes. Ohne die ausdrückliche Empfehlung der Kirche hätte ich mir und Ihnen die Lektüre dieses Schreibens nicht zugemutet. Nach dem Lesen aber mußte ich an Sie denken und habe in Ihrem Namen ein Antwortschreiben verfaßt, das ich Ihnen nun - zusammen mit jenem Brief - verlesen möchte. Wenn Sie sich diese Erwiderung zu eigen machen möchten, können Sie das nachher mit einem »Amen« bekräftigen.

Lassen Sie mich zunächst jenes Schreiben verlesen. Es stammt aus den sogenannten *Sieben Sendschreiben* an Gemeinden in Kleinasien. Wir haben es mit dem Brief an die Gemeinde in Philadelphia zu tun, nachzulesen in *Offenbarung 3, 7-13:*

»Und dem Engel der Gemeinde zu Philadelphia schreibe: Das sagt der Heilige, der Wahrhaftige, der da hat den Schlüssel Davids, der auftut, und niemand schließt zu, der zuschließt, und niemand tut auf: Ich weiß deine Werke. Siehe, ich habe vor dir gegeben eine offene Tür, und niemand kann sie zuschließen; denn du hast eine kleine Kraft und hast mein Wort behalten und hast meinen Namen nicht verleugnet. [...] Weil du bewahrt hast das Wort von meiner Geduld, will ich auch dich bewahren vor der Stunde der Versuchung, die kommen wird über den ganzen Weltkreis, zu versuchen, die da wohnen auf Erden. Siehe, ich komme bald. Halte, was du hast, daß niemand deine Krone nehme. Wer überwindet, den will ich machen zum Pfeiler in dem Tempel meines Gottes, und er soll nicht mehr hinausgehen, und ich will auf ihn schreiben den Namen meines Gottes [...]. Wer Ohren hat, der höre, was der Geist den Gemeinden sagt!«

Wenn man sich mit dem Rahmen zu diesem Brief befaßt, erfährt man, daß er aus einer Vision heraus geschrieben wird. Johannes ist fernab auf einer einsamen Mittelmeerinsel und »sieht« merkwürdige Dinge - eine phantastische Welt, eine Bühne mit märchenhaften Requisiten, dazu eine Stimme »wie die von einer Posaune.« Sie gehört einer zauberhaften Gestalt: Haare wie »weiße Wolle«, »Augen wie Flammen«, ein Gesicht »wie die Sonne.« In der Hand sieben goldene Sterne usw. Die dramatische Szenerie des Ganzen erinnert an ein Theaterstück: Ich halte ein Textbuch in den Händen und werde Zeuge eines Gesprächs auf mehreren Ebenen.

Aber Sie wissen ja, wie das mit guten Aufführungen ist. Man ist mit einem Mal angesprochen, erschüttert, bewegt, ermutigt. Mit einem Mal kommt man in diesem Stück vor und kann sich ihm nicht mehr entziehen. Aber *dieses* Stück, *dieser* Brief? Gerichtet an die Mustergemeinde eines Städtchens im Osten Lydiens, mit dem Poststempel noch aus dem ersten Jahrhundert nach Christus? Wie reagieren *wir* darauf?

II.

Lieber Johannes,

unsere Kirche hat uns ein Schreiben weitergeleitet, das Du seinerzeit an die Philadelphier gerichtet hast. Wir haben uns nun zusammengesetzt und versuchen eine Antwort.

Beim ersten Lesen kam uns dieses Schreiben ehrlicherweise recht fremd vor. Nicht nur, weil Du ziemlich kompliziert schreibst, sondern weil wir das eben nicht sind: Die, die mit ihrer kleinen Kraft aufs Ganze gegangen wären, die, die keine Kompromisse eingegangen wären, die immer durchgehalten hätten, die niemals ihr Christsein verschleiert und immer zu ihrem Glauben gestanden hätten. Unter uns gesagt, Johannes, das trifft es nicht. Mehr noch - das muß aber unter uns bleiben: Wir waren sogar bestechlich. Mit uns konnte man es nämlich machen, wir ließen uns gebrauchen, wenn dabei etwas heraussprang. Wir können unheimlich lang den Mund halten und - wenn es verlangt wird - ihn unheimlich schnell wieder öffnen.

Vielleicht hätte man Dein Schreiben nach Leipzig weiterleiten sollen - zu jener »Heldenstadt«? Andererseits - laß Dir nichts vormachen, wenn sich die Leipziger für Dein so zutreffendes Schreiben bedanken sollten. Bedenke: Kann es eine Stadt mit 800 000 Helden geben? Wenn alle Helden sind, worin besteht dann noch das Heldenhafte, das Auszeichnende? - Aber bleiben wir bei uns: Noch am 7. Oktober dieses Jahres sind viele, sehr viele von den Hunderttausenden, die sich jetzt ohne Risiko zu den Friedensgebeten versammeln, unter eigenem Spartenschild mitmarschiert. Auch Christen aus Greifswald. Andere sind gerade dabei, in den Friedensgebeten erst einmal das Vaterunser zu lernen. Und manche unter uns geben sich jetzt zum ersten Mal als Christen zu erkennen.

Das ist freilich ein Punkt, lieber Johannes, an dem Dein Brief aktuell wird.

Immerhin haben wir Deinen Zeilen entnehmen können, daß man es schwer hatte in Philadelphia. Der Kaiserkult - natürlich. Wer nicht mitmachte, hatte Nachteile zu erdulden, die tödlich sein konnten. Und wer nicht einstimmte in den Jubel »Es lebe der Kaiser!«, der war bald überhaupt nicht mehr zu hören. Wer sich nicht anschloß, wurde ausgeschlossen, wer sich nicht eingliederte, wurde ausgegliedert, und wer nicht dahin marschierte, wohin er sollte, wurde getragen, wohin er nicht wollte.

Ganz so schlimm war es bei uns nicht. Zu keiner Zeit waren wir mit dem Tode bedroht. Aber ansonsten: Kannst Du Dir vorstellen, wie schwer es war (all die Jahre hindurch!), was es hieß, jene Herrschaft zu ertragen, die uns allgegenwärtiger erschien als der Gott, an den wir glauben: Wir lesen am Morgen die Zeitung, und schon ist sie da, wir verlassen unser Haus, und schon begegnet sie uns an der Fabrik gegenüber in einem Spruch, wir gehen zur Arbeit und werden instruiert mit ihren Parolen, wir gehen zu Tisch, und vor uns hängen die Bilder ihrer Repräsentanten, wir holen unser Kind von der Schule ab und erfahren: »Weißt schon, Papi - es gibt gar keinen Gott!«

Nun gut. Wir waren nicht gerade Spitze. Wir wären gern besser gewesen und können jetzt - jetzt - nur schwer verstehen, daß wir den Philadelphiern nicht etwas ähnlicher waren. (Das braucht *nicht* unter uns zu bleiben.) Aber merkst Du etwas, Johannes? Wir schreiben Dir einen *Brief.* Was wir damit sagen wollen: Wir haben immerhin - überlebt. Ja, Dich erreicht ein Brief von einer Greifswalder Gemeinde, deren Kirche im Herrschaftsbereich jener DDR stand und steht, von der wir Dir erzählten. Und was uns überhaupt zu diesem Brief ermutigt hat, ist die Nachricht, daß es auch die Leute in Philadelphia nicht aus eigener Kraft geschafft haben, zu widerstehen. Denn wir lesen noch ziemlich am Anfang Deines Briefes ein Zitat von dem, der Dich beauftragt hat, eine Mitteilung, auf die sich die Gemeinde in Philadelphia berufen darf. Es heißt: »Siehe, *ich* habe vor dir gegeben eine offene Tür, und niemand kann sie zuschließen.«

Eine offene Tür? Garantiert unverschlossen? Ja - aber hättest Du uns das nicht früher mitteilen können? Wir bitten Dich: Wenn es so einfach ist, wenn wir bloß hätten hinzugehen brauchen, bloß noch die Klinke drücken, bloß vertrauen, daß die Sache mit der offenen Tür funktioniert, bloß ... Bloß? Das ist es ja, was so schwer war: Hingehen, Klinke drücken, die Probe aufs Exempel machen. Das haben wir immer gewußt. Jedenfalls wollen wir jetzt damit Ernst machen, genauer gesagt, die Sache mit der offenen Tür ernst nehmen.

III.

Freilich - Du hast wenig darüber geschrieben, was Er, der Dich diesen Brief schreiben ließ, mit jener *offenen* Tür gemeint hat. Wir erfahren lediglich: *Er* hält sie offen. Niemand kann sie versperren. Und: Sie ist auch von denen erreichbar, die keine »Kämpfertypen« im üblichen Sinne sind. Also nicht nur von Kirchen-, Partei- oder sonstigen Herdenführern. Das kann doch nur heißen: Jeder ist nach der Kraft gefragt, die er einbringen kann, nach dem, was ihm zuzumuten ist an dem Ort und an der Stelle, die er in der Familie, im Beruf, in der Schule oder im Altersheim einnimmt. Nicht mehr und nicht weniger. Die »Kampfmethode« wäre dann überall dieselbe: Es geht darum - wie Du schreibst - Sein Wort zu behalten und Seinen Namen nicht zu verleugnen. Dann wäre diese Tür, von der Du schreibst, weniger als *eine* ganz bestimmte Tür zu verstehen; sondern die »offene Tür« wäre Symbol dafür, wie wir überhaupt »durchkommen« bei allem, was uns zurückzuwerfen droht, Symbol dafür, wie wir »herauskommen« aus Situationen, die an einer Mauer zu enden scheinen, nämlich dadurch, daß wir uns auf die Verheißung verlassen: Es *gibt* eine offene Tür - und es liegt an uns, ob wir den Mut haben, sie zu durchschreiten.

Lieber Johannes, als wir diesen Brief verfaßt haben, kamen einige aus unserer Gemeinde zu dem Schluß, daß wir eigentlich doch eine ganze Menge Lob verdienten. Kannst Du Dir vorstellen, weshalb? Ja, was meinst Du, wieviele Klinken in den letzten Tagen gedrückt wurden! Schüler drücken die Klinke am Lehrerzimmer und teilen den Lehrern mit, daß der Staatsbürgerkundeunterricht bis auf weiteres ausfiele. Gefangene teilen dem Gefängnisdirektor mit, daß er schon mal die Entlassungsscheine ausstellen könne, da man sowieso bald abreisen werde. Arbeiter drücken die Klinke ihrer Betriebs-Parteileitung und teilen mit, die Schreibtische könnten schon mal geräumt werden, man brauche Feuerholz für die Zentralheizung. Da staunst Du, Johannes, nicht wahr? Daß Türen offenstehen, ist nämlich bei uns eine Normalität geworden. Wir brauchen nicht mal mehr zu klinken! Sobald wir marschieren, gehen die Türen von ganz allein auf, so schnell, daß wir manchmal schon gar niemanden mehr antreffen, daß ... einen Moment bitte. Es hat eben an die Tür geklopft. Wir müssen unterbrechen.

(Fortsetzung ein paar Tage später:) Also weißt Du, das war vielleicht ein Typ. Es hat ziemlichen Aufruhr gegeben. Wir sitzen gemütlich zusammen, tauschen Erfolgsmeldungen aus, und auf einmal tritt er durch die Tür; schien von der alten Stasi zu sein. Er hat vor allem Fragen gestellt, und diese Fragen setzten eine Menge Wissen voraus. Persönliche Fragen, die es in sich hatten, Fragen, die man nicht stellt, wenigstens nicht in der Öffentlichkeit. Er wollte z.B. wissen, wann ich zum letzten Mal die Klinke an der Tür meines Nachbarn gedrückt habe, der mich vor zwölf Jahren als Idiot beschimpft hat und vor 20 Jahren aus der Kirche ausgetreten ist. Er wollte wissen, warum sich Herr A., der arme, gestreßte Herr A., der nun kurz vor seiner Beförderung steht, auf einmal nicht mehr an die Schiebereien seines Chefs erinnern kann. Und schließlich, stell' Dir vor, fing er an, die Predigt unseres Pfarrers aufs Korn zu nehmen; er fragte ihn, wieso er - gegen seine Gewohnheit - plötzlich dazu neige, das zu sagen, was die Masse gern höre. Und dann - das war der Gipfel - äußerte er die Vermutung, der Applaus zu den Friedensgebeten im Dom mache bestechlich.

Das ging wohl doch etwas zu weit. Findest Du nicht auch? Als er weg war, saßen wir wie bedeppert auf unseren Stühlen. Unsre Küsterin war die erste, die die Fassung wiederfand und vorschlug, unsere Versammlung damit zu beenden, nochmals Deinen Brief zu verlesen.

Das haben wir denn auch getan. Daran siehst Du, daß wir mit Deinem Schreiben noch nicht so ganz »fertig« sind. - Vielleicht schreibst Du einmal jedem einzelnen von uns? Zeit hast Du ja - und unsere Adressen hast Du auch. Deine Greifswalder. Amen.

Im Dunkeln in den Keller gehn

Predigt zum Festgottesdienst der Greifswalder Bachwoche 1990
1. Sonntag nach Trinitatis (17. Juni 1990)

»Die Himmel erzählen die Ehre Gottes, und die Veste verkündiget seiner Hände Werk. Es ist keine Sprache noch Rede, da man nicht ihre Stimme höret. So läßt sich Gott nicht unbezeuget. Wer aber hört schon hin, da sich der große Haufen zu den andern Göttern kehrt?«

J.S. Bach, Kantate Nr. 76

Der Predigt ging Teil I der genannten Kantate voraus.

I.

Und nun stellen Sie sich vor, das Bachwochenkuratorium verfügte über so viel Geld, daß es einen jeden von Ihnen am Ausgang mit einem Walkman und einer Kassette mit der Bach-Kantate Nr. 76 ausstatten könnte. Sie treten mit solcher Musik, mit solchen Worten im Ohr vor den Dom und setzen sich in Bewegung.

Zunächst führt Sie Ihr Weg durch eine reizvolle Bodden- und Ostsee-Landschaft bis hinauf nach Stubbenkammer. Dort genießen Sie einen herrlichen Fernblick und nicken vielleicht verständnisvoll zu dem Text der Kantate:»Die Himmel erzählen die Ehre Gottes, und die Veste verkündiget seiner Hände Werk.« Die Sachsen unter uns denken bei solchen Tönen vielleicht an unvergleichliche Sonnenuntergänge im Erzgebirge, und die Thüringer sehen die bezaubernde Rhön vor sich, wenn die Schöpfung als Zeugin Gottes hingestellt wird:»Es ist keine Sprache noch Rede, da man nicht ihre Stimme höret. So läßt sich Gott nicht unbezeuget.«

Freilich - diese Botschaft, zumal in ihrem musikalischen Gewand, ist so klar, daß sie einem auch zu schaffen machen kann. Denn um an diese geliebten Orte zu gelangen, an denen man das Lob der Schöpfung vielleicht bevorzugt - und im Brustton der Überzeugung - selbst anstimmen würde, muß man z.B. durch die Greifswalder Altstadt, vorbei an erledigten Straßen, Häusern und Menschen, vorbei an neuen Polizeiaufgeboten in Berlin und rauchenden Schloten in Espenhain. Schöpfung? »Keine Sprache noch Rede, da man nicht ihre Stimme höret?«

II.

Und die Kantate fängt an, mir in den Ohren zu klingen. Der Sonnenuntergang im Gebirge erscheint an einem Himmel, der zur Erde stinkt. Und der Thüringer Wald steht schwarz und schweigend auch deshalb, weil die Schatten des Todes auf ihm liegen. Und mitten hinein tönt es:»So läßt sich Gott nicht unbezeuget.«

Aufreibend ist das: Diese Kantate im Ohr - und diese Welt vor Augen. Im Bilde gesprochen: Man ist geneigt, die Musikkassette beim Anblick der Wunden und Wehen dieses Landes entweder abzustellen - oder nicht hinzusehen und am besten in diesem Dom zu bleiben, in dem sich Klassik auf Klassizismus reimt.

Die Kantate bestreitet diese Alternative. Gottes Stimme wird nicht auf dem Sender »Heile Welt« empfangen, sondern in aller Öffentlichkeit. Natürlich - ein Gott, der sogar aus den mit und ohne Waffen geschaffenen Ruinen stöhnen kann, der gerade einen Platz hinter uns in den Einkaufsschlangen nach etwas mehr Menschlichkeit ansteht und dessen Stimme in keinem politischen Programm auf- oder untergeht, ist nicht in erster Linie ein Vertreter der Masseninitiative »Bequemer Wohnen und Denken«. Er erhebt den Anspruch, daß das, was Himmel und Erde bezeugen, klagend, warnend oder rühmend, der Erwiderung bedarf.

Dieser Anspruch scheint zu allen Zeiten als belastend empfunden worden zu sein, heißt es doch in der Kantate: »Wer aber hört schon hin, da sich der große Haufen zu den andern Göttern kehrt?« - Ich höre diese Sätze als Klage um den Verlust, der sich einstellt, wenn die Stimme Gottes nur mit exklusiven Räumen und Zeiten verbunden wird. Denn dort leben wir ja nicht. Woran wir mit Gott sind, wird sich entweder in diesen unseren Häusern (oder Hütten), mit den Menschen unserer Umgebung, in diesem Land und unter diesem Himmel - oder überhaupt nicht herausstellen. Dort ist erfahrbar, was es mit jenem Trost auf sich hat, dessen Pfingsten wir eben gefeiert haben. Dort zeigt sich, was das für ein Gott ist, der sich selbst ins Elend setzt, um es zu bewältigen.

Dieser Gott hat für mich nichts Deprimierendes. Im Gegenteil: Die Nachricht, daß er sich nach soundsoviel tausend Jahren Weltgeschichte und 40 Jahren DDR nicht verleugnen läßt als Schöpfer dieser Welt, sich noch immer nicht heraushält aus ihr, gibt mir die Hoffnung, daß er sich auch weiterhin laut genug mit seiner Stimme melden wird und diese Welt nicht zum Teufel schickt.

III.

Auf einem anderen Blatt steht, daß Menschen, die sich einlassen auf diese rückhaltlose Mitteilungsweise Gottes, die es aushalten, hinzuhören, hinzusehen und gegebenenfalls hinzuriechen, selbst als »Stimme Gottes« angesprochen werden, als jene Stimme, die so durchdringend ist, daß sie auf Dauer weder verschleiert noch umgedeutet werden kann.

Man kann es mit einem Gleichnis verdeutlichen: Wenn mir als Kind unheimlich wurde, etwa, wenn ich am späten Abend noch in den entlegenen Kohlenschuppen oder in das kaum beleuchtete Kellergewölbe mußte, habe ich meistens laut gesungen. Das nahm mir Ängstlichem die Angst, machte mich Unsicheren sicher. Mit meiner Stimme nahm ich mehr Raum ein als ohne diese Stimme. Sie machte mich größer. Gab mir Macht.

Um solches Singen kommen wir nicht herum. Das gilt zunächst im wörtlichen Sinn:

Denn in Anbetracht der tausend Schwierigkeiten, in denen sich diese Stadt und unser ganzes Land befinden, angefangen bei den toten Fischen im Norden bis zu den toten Wäldern im Süden, in Anbetracht der vielen giftigen Menschenschlangen vor den Kreditinstituten in der ganzen DDR usw. - angesichts solcher »Vorkommnisse« diese Kantate anzustimmen, das ist ungefähr so, wie singend und im Dunkeln in den Keller zu gehen. Nicht, *weil* die Tagesnachrichten durchweg zum Singen anregten, sondern *damit* sie uns nicht erdrücken und die Dunkelheit nicht zu viel Raum gewinnt. Es geht darum, einer Stimme Raum zu geben, die von den herrschenden Zuständen nicht erstickt werden kann, die nicht erst hörbar wird, wenn irgendwann der Himmel ausgebrochen ist.

Dieses Singen reicht aber nicht aus. Es gibt einen schon fast Legende gewordenen, langen, spontanen Monolog Hermann van Veens, in dem er angesichts des atomaren Wettrüstens auf den Gedanken kommt, einfach viel schöne Musik zu machen, und zwar so schöne, daß die Russen und die Amerikaner ganz vergessen, die »dekadenten Dinger« abzuschießen. Aber dann sagt er selbst: Ein guter Gedanke - aber naiv. Es ist nicht nur nicht zu schaffen, überall dort, wo wichtige Entscheidungen getroffen werden, ein Konzert aufzuführen, sondern, wenn die Instrumente wieder in den Kästen liegen, braucht es handfeste Argumente.

Dann geht es um ein Singen im übertragenen Sinn: Es ist kein Zufall, daß wir den Ausdruck »singen« nicht nur auf ein musikalisches Ereignis, sondern alltagssprachlich auch auf andere Vorgänge beziehen, in denen etwas sehr *Konkretes* geschieht: Wenn ein Zeuge »singt«, dann packt er aus, was er weiß. Er sagt weiter, was nur durch ihn weitergesagt werden kann. Er deckt Querverbindungen auf, die anderen verborgen geblieben sind. Oder wenn der Anwärter für ein Lehramt an der Universität »vorsingt«, dann bietet er - hoffentlich - eine neue Perspektive an, stellt überraschende Zusammenhänge her und zeigt dabei, welch Geistes Kind er ist.

Es gib eine Menge Erklärungen dafür, weshalb wir den 17. Juni in diesem Jahr unter anderen Bedingungen feiern können als im letzten. Mir blieben diese Erklärungen unverständlich, wenn ich die Kraft jener Stimme ausklammern sollte, die durch den dunklen Keller der Angst ebenso wie durch die Keller der Staatssicherheit drang. Ein Gesang, der in Friedensgebeten und überall dort angestimmt wurde, wo sich Zeugen fanden, deren Ohren und Münder nicht verstopft und deren Augen nicht verklebt waren, Menschen, die selbst Bestandteil jener Sprache und Rede wurden, in der sich Gott bezeugt.

Liebe Gemeinde, der Keller, den wir hinter uns haben, wird nicht der letzte gewesen sein - ganz abgesehen von den vielen persönlichen Kellern, die das Leben eines jeden einzelnen von uns unterhöhlen. Deshalb verbinde ich mit diesem Gottesdienst das Gebet und die Hoffnung, daß uns in der nächsten Zeit die Stimme nicht versagt. - Aber das ist wohl eine Hoffnung, die die Kantate besser unterstützen kann als jedes weitere Wort. Amen.

Der Predigt folgte Teil II der Bachkantate Nr. 76.

Von Blähgeistern und ihrem Ende
(Mt 5, 3)
Gedenktag der Reformation (31. Oktober 1990)

Ein kluger Mann, der sich in der Tradition der Lutherischen Kirche auszukennen scheint (ohne ihr anzugehören), behauptete dieser Tage in Anbetracht des neugewonnenen Feiertags nicht ohne Ironie: Der Gedenktag der Reformation spiele bei uns eine ähnliche Rolle wie der 1. Mai in der Geschichte der proletarischen Bewegungen.

Er hat wohl nicht ganz unrecht. Für manche Christen ist das Reformationsfest eine Art Kampf- und Feiertag mit eigener Hymne geworden: »Ein feste Burg ist unser Gott!« Aber jener Vergleich gerät ins Wanken, sobald man zur Kenntnis nimmt, mit welchem Manifest unsere Kirche diesen Tag begeht. Dieses Manifest sind die Seligpreisungen, die wir heute erneut als Evangelium des Reformationstags gehört haben. So sanfte Sätze - taugen sie, dem Kampf- und Feiertag der Christen seine reformatorische Note zu geben? Was haben die Seligpreisungen mit der Reformation zu tun? Und was haben die Seligpreisungen mit uns und mit Reformation hier und heute zu tun?

I.

Selig sind die Armen im Geist. Selig sind, die da Leid tragen. Selig sind die Sanftmütigen ... Es wird noch deutlich werden, daß hier nicht verschiedene Menschen angesprochen sind, sondern daß es eigentlich immer um die gleichen geht - und daß die erste Seligpreisung mit ihrer steilen These wie eine Überschrift über den weiteren Versen steht: *Selig sind die Armen im Geist, das Himmelreich gehört nämlich ihnen.*

Wenn das so ist, dann sollte man doch wenigstens wissen, was das für Leute sind, und sich klarmachen, was es heißt, wenn am Reformationstag, an dem Tag, als Luther mit großem Scharfsinn den reformatorischen Glauben proklamierte, die Armut im Geist gepredigt wird. Was ist das für ein Geist, an dem wir arm werden sollen? Doch nicht etwa der Heilige?

Der Geist, um den es in diesem Text geht, wird im Griechischen mit *pneuma* bezeichnet. Wo immer dieses Wort erscheint, schillert es in mehreren Bedeutungen, und erst aus dem Zusammenhang wird klar, ob das *pneuma* nun mehr als Wind, Atemhauch, Geist oder Geistwesen zu verstehen ist. In diesem Fall können Sie sich die Bedeutung von *pneuma* gar nicht »pneumatisch« genug vorstellen: Pneumatisch geht es z.B. bei allen Gegenständen und Geräten zu, die auf der Grundlage von zusammengepreßter Luft funktionieren. Pfeifkessel, Omnibusräder, Luftballons, Blasebälge, Dudelsäcke, Luftpumpen, elektropneumatische Orgeln usw. - Dinge, auf denen enormer Druck lastet und die deshalb auch platzen können. Das *pneuma*, das in allen diesen Dingen steckt, ist ein Bläh-Geist. Ein Geist, der Druck ausübt.

Es spricht manches dafür, daß es unter den Adressaten, die Matthäus mit seinem Evangelium vor Augen hat, Menschen gab, die unter einer bestimmten Art von »Blähung« litten. Aufgeblähte, die sich brüsteten, es an allen strammen vier Zipfeln zu haben. Menschen, die es sich nicht nehmen ließen, bei jeder passenden und unpassenden Gelegenheit zu zeigen, wie gut sie ihre christliche Existenz zu leben wissen, Menschen, die sich mit diesem Selbstbestätigungszwang aber letztlich selbst unter Druck setzen. Schwäche zu zeigen bedeutet ja in solchen Fällen, zu gestehen, daß da ein Löchlein ist, daß man dem Dauerdruck nicht standhalten kann und schließlich merkt, daß die entweichende Luft kleiner macht.

II.

Liebe Gemeinde - was hat man an uns herumgepumpt! Mit wievielen Geistern hat man uns vollgestopft! Mit dem Geist der Vaterlandsliebe hat man unsere Väter und Großväter aufgefüllt und in den Krieg schweben lassen. Manchen im östlichen Teil Deutschlands hat man mit dem *pneuma* einer sozialistischen Ideologie unter Druck gesetzt; und obwohl diese im westlichen Teil Deutschlands nicht so viel bewegen konnte, ist auch dort der Geist des Materialismus bekannt geworden, der nun in ganz Deutschland so viel Druck macht, daß viele Gefahr laufen, sich von diesem Geist erpressen zu lassen ... Fremd klingt so ein Satz in unserer neuen Welt: »Selig sind die Armen im Geist; ihnen gehört nämlich das Himmelreich.«

Aber wir müssen wohl noch einen Schritt weitergehen: Viele sind ja *erpreßt* worden, hier und dort. Das heißt, sie haben sich überfordern lassen: sei es, indem sie wählten, was nicht ihrer Wahl entsprach, sei es, indem sie über ihre Kräfte und gegen ihre Bedürfnisse mitzuhalten versuchten, um sich ein bestimmtes gesellschaftliches Prestige zu erhalten, kurz, indem Drücke ertragen wurden, die ganze Persönlichkeiten verbeulten, Kreislaufpumpen zum Erliegen brachten und kaum Zeit zum Luftholen ließen. *Selig sind die Armen im Geist; ihnen gehört nämlich das Himmelreich!?*

Diejenigen unter uns, bei denen das *pneuma* Lenins, des Vaterlands, des Fortschritts oder des materiellen Reichtums usw. keine Angriffsfläche boten, kennen reichlich Blähgeister in anderer Gestalt: Erinnern Sie sich an Augenblicke bzw. längere Zeiten, in denen Sie dadurch unter Druck standen, daß die Erwartungen anderer und die Erwartungen, die Sie selbst an sich hatten, Ihre Kräfte zu übersteigen drohten. Und dann melden sie sich: die Geister des guten Rufs, des guten Willens, unserer Ehre, unseres Geltungsdrangs, unseres Pflichtgefühls und schließlich unserer Selbstüberschätzung. Dann lassen wir uns von uns selbst überfordern, von dem Bild, von dem wir möchten, daß es andere von uns haben - und daß es Gott von uns hat. Am Ende sind wir so damit beschäftigt, dieses *pneuma* »anzuhalten«, daß wir gar nicht mehr mitbekommen, daß die Luft eigentlich zum *Atmen* da ist.

Wie konnten wir das eigentlich vergessen? Aus Angst, andere könnten uns nicht mehr ganz für *voll* nehmen? Aus Angst, die Zukunft einzubüßen? Aus Angst, an Wert einzubüßen, wenn man hinter den eigenen Erwartungen und denen anderer zurückbleibt? Aus Angst, gesellschaftliches Ansehen zu verlieren? Aus Angst, Gott könne einen schwarzen Strich in seine Liste machen, wenn wir »Nein« sagen? Reformation heißt: *Luft ablassen.* Gott will einen jeden von uns wiedererkennen. Unsere Aufblasverfahren sind überflüssig, wenn es darum geht, Gott auf unserer Seite zu haben. Das Evangelium Gottes ist wie ein spitzer Nadelstich in den Luftkoffer des Gesetzes, den wir wie eine Kostbarkeit mit uns herumschleppen, um anderen und Gott unsere Tüchtigkeit und Belastbarkeit zu demonstrieren. Schauen sie auch zu? Wenn sie zuschauen, werden sie allenfalls sehen, wie wir zugrunde gehen.

Ich erinnere an die Geschichte von Alkuin, dem Ofensetzer, wie sie uns Bert Brecht hinterlassen hat. Alkuin, der Ofensetzer, ist wieder einmal bei der Arbeit. Er hat schon Hunderte von Öfen gesetzt, aber der, den er diesmal errichtet, gelingt ihm besonders gut. Er setzt Kachel für Kachel rings um sich her, und der Ofen wächst um ihn herum in die Höhe. Seine Kollegen werden aufmerksam. »Was für einen schönen Ofen du da errichtet hast! Den schönsten, den du je gesetzt hast!« Alkuin merkt, daß er nicht mehr herauskommt, ohne einen Teil des Ofens zu zerstören. »Bei unsrer Ofensetzerehre«, so höhnen seine Kollegen, »du wirst doch diesen Ofen nicht etwa wieder zerstören. Das hat es noch nie gegeben.« Und Alkuin läßt sich überfordern. Er mauert den Ofen über sich zu, und es dauert nicht lange, da wird in dem Ofen ein Feuer entfacht.

III.

Als Luther erkannte, daß es völlig unnötig ist, sich als Märtyrer hinter seinem eigenen Leistungsaufkommen einzumauern, um von Gott oder den Menschen angesehen zu werden, war er sozusagen schon im Ofen. In einem, in dem viele Christen der damaligen Zeit gegart wurden, Menschen, die in dem verzweifelten Glauben lebten, für all ihre Unzulänglichkeiten Genugtuung leisten zu müssen, gleichzeitig aber die Erfahrung machten, nicht genug Energie aufzubringen. Manch einer endete im Hochleistungskollaps, ein anderer in der Frustration.

Deshalb heißt Reformation auch - im Bilde gesprochen -, herauszutreten aus dem Ofen, in dem wir sonst gebacken werden. Schluß damit, daß wir uns vom Geist der Ofensetzerei beschwören lassen! Da ist einer, der nicht will, daß wir uns verbraten lassen von Geistern, die unsere Angst vor dem Herausfallen aus dem sozialen Netz, aus dem Netz wichtiger Beziehungen oder aus dem Netz der Güte Gottes, ausnutzen, um sich von uns ihre Tempel bauen zu lassen. *Selig sind die Armen im Geist, ihnen gehört nämlich das Himmelreich!*

Es hat nichts mit Reformation zu tun, wenn - sagen wir mal - die Ofenbesitzer wechseln, d.h., wenn es uns glückt, aus solch einem Überforderungsofen auszubrechen, wir uns aber dann in einen neuen setzen lassen, weil er eben so schön neu aussieht und so schicke Kacheln hat oder weil die Konstrukteure dieses Ofens uns so nett einladen - nach dem Motto: »Tritt ein, bring' Glück herein!« *Unser* Glück finden wir dabei nicht.

Glücklich, die arm sind an Geist, die sich nicht mit Bläh-Geist vollpumpen lassen, die sich nicht überreden lassen, ihr Leben einem Hochleistungsofen zu opfern, weil sie wissen, daß der Wert ihres Lebens anders bestimmt wird - z.b. dadurch, daß Gott in uns wohnen will. Nicht, um uns auf Trab zu bringen, sondern - weil es ihm gefällt, weil Gott uns liebt und uns nicht nahe genug sein kann.

In den Worten von Paulus ausgedrückt: Bevor ihr all den Geistern Raum gebt, die Druck auf euch ausüben - ohne euch etwas dafür zu bieten, die also letztlich nur Luft sind -, bevor ihr euch darauf einlaßt, vergeßt nicht, daß ihr schon bewohnt seid: Ihr seid Tempel des Heiligen Geistes. Das heißt, es geht um viel mehr, als daß ihr euer Leben findet oder euer Leben macht: Ihr könnt selbst Lebensraum sein! Ein Raum, in dem ihr zur Ruhe kommen sollt und in dem andere zur Ruhe kommen, ein Raum, in dem man sich gern aufhält, weil er nicht unter Druck steht, weil Er, der darin wohnt, die Ursache des Druckes beseitigt hat.

Jesus wurde am Kreuz zerdrückt. Und Gott hat hinzugefügt: Damit ist jetzt Schluß. Wir sind nicht dazu aufgefordert, Jesus darin zu überbieten oder nachzuahmen, sondern jenen Lebensraum zu nutzen, den er uns mit seinem Zuruf ermöglicht: Glücklich die Armen im Geist. Sie leben. Amen.

Zettel an der Tür

(1 Thess 5, 1- 8)

Drittletzter Sonntag des Kirchenjahres (11. November 1990)

I.

Es war schon dunkel geworden, als ich nach Hause kam und in den feuchtkalten, unbeleuchteten Flur trat. Wie immer tastete ich nach dem Briefkastenschloß, öffnete, griff nach der Post und suchte dann nach dem Schalter an der Treppe, der unsinnigerweise viel zu weit hinten angebracht worden war. Beim Hinaufsteigen überflog ich die Absender: Die Mutter, ein Schulfreund, die Kontoauszüge - und er wieder. Der Hausbesitzer.

Ich hatte ihn noch nie zu Gesicht bekommen, aber er meldete sich von Zeit zu Zeit aus dem Ausland - mit dem Vorsatz, bald einmal vorbeizukommen, zu renovieren und auch, wie er verkündete, uns persönlich kennenzulernen. - Sicher das Übliche.

Ich legte die Briefe auf den Küchentisch und setzte den Wasserkessel auf den Herd. Während ich die Teekanne zurechtmachte, überlegte ich, was noch zu tun wäre an diesem Abend. Es waren noch einige Wege zu erledigen; außerdem hatte ich noch einzukaufen und sollte um 19 Uhr am anderen Ende der Stadt sein. Es ging um einen fast neuen Gebrauchtwagen. Für einen Tee war jedoch noch Zeit. Ich setzte mich an den Küchentisch und saß abwartend vor den Briefen.

Im Grunde hatte sich niemand im Haus über ihn zu beklagen. Anders als wir es von anderen Vermietern gehört hatten, hatte er uns niemals mit irgendwelchen Besitzansprüchen gedroht. Niemand mußte befürchten, morgen auf der Straße zu sitzen. Im Gegenteil: Als die Mieten in der ganzen Stadt erhöht worden waren, bekam jeder vom Hausbesitzer einen Brief mit der Nachricht, daß er in Zukunft auf unsere Beiträge verzichten wolle. Diese Mitteilung hatte uns zunächst erschreckt, denn wir befürchteten, unser Haus habe nun den Besitzer gewechselt, und erwarteten, bald von dem neuen Inhaber mit neuen Preisen zur Kasse gebeten zu werden. (Wir, das waren eine alte, in ärmlichen, fast asozialen Verhältnissen lebende Frau im Erdgeschoß, ein Arbeitskollege in der ersten Etage, in der zweiten ich, und ganz oben eine Familie mit vier Kindern, die von Zeit zu Zeit einen Höllenlärm verursachten. Kein Wunder bei der winzigen Wohnung.) Bis zu diesem Tag hatten uns jedenfalls keinerlei Geldforderungen erreicht. Vielleicht enthält der heutige Brief ...?

In diesem Augenblick ließ der Wasserkessel sein Pfeifsignal ertönen, und ich goß den Tee auf.

Ein merkwürdiger Mann, hat Interesse an uns und am Haus, aber verlangt kein Geld. Mancher führte das darauf zurück, daß der Besitzer weder Zeit noch Interesse an irgendwelchen Mietverhandlungen hätte und daß einer wie er, der sich im Ausland herumtreibt, dieses Haus samt der Miete, die es ihm brächte, gar nicht nötig hat. Die einzige Forderung, die er immer wieder einmal gestellt hatte, war - wenn er denn einmal kommen sollte -, ihn freundlich aufzunehmen und das Haus, so gut es geht, in Schuß zu halten.

Andererseits - was versprach er sich davon, uns persönlich kennenzulernen und dieses Haus zu renovieren? Es wunderte mich jedenfalls nicht, daß einige im Haus der Auffassung waren, mit ihm könne irgendetwas nicht ganz stimmen. Vor Jahren war sogar eine Familie ausgezogen, weil sie diesem Frieden nicht traute und hinter den merkwürdigen Umständen des Vermietens eine Falle sah. »Sie werden irgendwann eine riesige Rechnung präsentiert bekommen«, hatten sie mich gewarnt, »ganz zu schweigen von den Zinsen. Nur der Tod ist umsonst.«

Ich schlürfe den heißen Tee und überfliege zunächst den Brief meines ehemaligen Schulfreundes, von dem ich weiß, daß er garantiert keine Probleme enthält. Bei ihm läuft alles. Alle gesund. Zwei Kinder. Eine sparsame Frau. Seit drei Wochen ein neues Auto. Auto hat er unterstrichen. - Auto! Ich muß los. Immer dieser Streß, denke ich. Man kommt nicht einmal zum Lesen seiner Post.

In diesem Augenblick klopft es. Unwillig öffne ich die Tür. Eine Sammlerin der Volkssolidarität. Seit wann dürfen die das überhaupt, frage ich mich, und suche in meinem Portemonnaie nach ein paar Münzen. Jetzt ist sie weg. Schuhe an. Ich eile in Richtung Stadt.

II.

Die Stadt ist besser beleuchtet als das Viertel, in dem ich wohne. Und farbiger ist es vor allem. Leuchtreklame. Plakate. »Wir bieten Ihnen Sicherheit in allen Fällen, auch bei Unfällen. Kommen Sie zu uns!« - »Falls ich dann noch kommen kann«, ergänze ich. »Überlassen Sie Ihre Zukunft nicht anderen - planen Sie mit uns!« Und auf einem anderen Plakat: »Vor Überraschungen sicher - Türen und Schlösser von der Securitas GmbH ...« - Sie schlagen Kapital aus unserer unsicheren Zukunft, aus unserer Angst vor bösen Überraschungen, aus unserem Schutzbedürfnis. Wenn ich an meine Wohnung denke - ein einfaches Schloß. Falls er kommt, der sich immer wieder einmal angekündigt hat, der Besitzer des Hauses, in dem ich wohne, so wird er keine Mühe haben, *drin* auf mich zu warten. Aber er kommt ja doch nicht.

Ich muß mich beeilen und will meinen Einkauf gleich auf dem Markt besorgen. Es ist fast sechs, die Zahl der Kunden schwillt noch einmal an, und es ist schwer, sich durch die zähe Masse hindurchzuarbeiten. Überall Trauben von Menschen. Die einen haben sich mit selbstvergessenen Gesichtern um einen Opel versammelt, dessen Karosserie immer wieder mit Dreck beschmiert wird, um dann beim Säubern die Kraft des Reinigungsmittels zu beweisen. Andere stehen um einen Tisch, auf dem sich Berge von zerkleinertem Gemüse erheben, um davon überzeugt zu werden, daß eine Raspel wirklich raspelt, ein Hobel hobelt und eine Quetsche quetscht. Die Welt ist noch in Ordnung. Und es scheint, als sei sie nicht größer als dieser Markt. Eine Welt ohne Geheimnisse, eine Welt, wie ich sie erwarte, Menschen, die ich kenne. Hier bin ich vor Überraschungen sicher.

Die ersten Läden machen dicht. Habe ich alles? Das Bier fehlt noch. Welches darf's sein, mein Herr? Greifenbräu, Rostocker, Holsten, Erdinger. Zwei Männer, die sich kraftlos an den Ladentisch lehnen, raten mir mit krächzender Stimme zur billigsten Sorte. Ich danke für den Tip, stecke die Flaschen weg und laufe zum Bus.

Die Fahrt durch das Neubaugebiet hat etwas unerwartet Idyllisches. Riesige Flächen mit unzähligen Lichtern, in den Fenstern der erste Weihnachtsschmuck. Das erste Weihnachten »in Freiheit« steht vor der Tür. Ein friedliches Bild, das sich da in der Dunkelheit bietet. Und hinter den Gardinen? Ruhe und Ordnung. Sicherheit. Was sollte einem hier inmitten der vielen Menschen passieren? Wenn ich an meine Behausung denke, beneide ich die Schatten, die sich an den Fenstern vorbeibewegen. Sicherlich bezahlen die eine sehr hohe Miete. Und wenn ich daran denke, fühle ich mich wohl.

Endlich habe ich das einzeln stehende Haus gefunden. Hinter einem Eisenzaun fünf Wagen des gleichen Typs. Ohne Nummernschilder. Ich läute. Kurz darauf tritt ein Mann aus der Haustür, eine Peitschenlampe leuchtet den Hof aus, und wir machen uns bekannt. Dann geht alles sehr rasch. Nach einer Probefahrt ums Viertel läßt er das Auto in die Garage rollen. Dort kann ich mir das Fahrzeug in Ruhe von innen und unten betrachten. Wir kommen schnell zum Geschäftlichen, und er bittet mich noch auf einen Sprung in sein Haus. Wohl weniger aus Gastfreundschaft - denn ich bekomme nichts angeboten -, sondern eher aus Stolz. Einen Springbrunnen im Flur - und das keine zehn Kilometer von meiner Wohnung. Dazu eine Sauna im Keller - von der neuen Einrichtung ganz zu schweigen. »Schade«, meint er, »daß die Wende so schnell vonstatten ging; solche Gelegenheiten kommen wohl nur alle paar hundert Jahre. Aber jetzt sind wir wenigstens finanziell abgesichert. Ganz gleich, was kommt oder wer kommt. Wir sind vor Überraschungen sicher.«

Ich verabschiede mich und fahre langsam zurück. Ein schönes Gefühl ist das. Das Auto hat sogar ein Radio. Ich suche einen Sender mit klassischer Musik, bleibe aber bei den Regional-Nachrichten hängen. Oppositionsgruppen melden sich wieder zu Wort. Wieso gibt's *die* denn noch? Sie warnen die Bürger davor, sich von einer Abhängigkeit in die andere zu begeben und behaupten, die Ideologie des Wohlstands verneble die Urteilskraft des Menschen ebenso wie die Ideologie der eben vertriebenen Machthaber. Gerade will ich abstellen, da kommt noch eine Mitteilung der Polizei. Sie warnen wieder einmal vor Dieben und Einbrechern. Was es alles so gibt?! Bloß gut, daß mich das nichts angeht.

III.

Bald wird mir die Gegend wieder vertrauter. Ich biege in die Straße ein, in der ich wohne, und suche eine Parklücke. Endlich Feierabend. Ich verschließe sorgfältig den Wagen und will über die Straße gehen, da durchfährt mich ein Schreck. In meiner Wohnung brennt Licht. Habe ich es brennen lassen? Einbrecher? Diebe? Aber die machen doch kein Licht! Unruhig eile ich die Stufen nach oben und suche nach dem Schlüssel. Doch - die Tür ist angelehnt. Soll ich gleich die Polizei rufen? Zögernd trete ich ein. Ist da wer? Ich werde an Filme erinnert, in denen die Ganoven hinter der Tür stehen - mit einem Knüppel in der Hand. Oder hinter dem Schrank? Niemand meldet sich. Niemand ist zu sehen. Ich beginne nachzusehen, ob alles noch da ist, wo es hingehört: Die Brieftasche auf dem Schreibtisch, das Radio auf dem Regal, die Uhr an der Wand. Nichts fehlt?

Ich werde nervös und versuche, mir den Ablauf des ganzen Tages noch einmal klarzumachen. Ich kann nichts Außergewöhnliches feststellen. Alles war ganz normal verlaufen. Die Welt war doch in Ordnung! Das war es doch, was aus diesem Tag hervorgegangen war: aus der Post, aus der Werbung, aus dem Markttreiben, aus den Reinigungsmitteln, aus dem Bier, aus den Fenstern der Neubauten, aus den Autos ...

Müde lösche ich das Licht, nehme zwei Flaschen Bier, verschließe sorgfältig die Wohnungstür und läute eine Treppe tiefer bei Fred. Allein verkrafte ich das nicht. Er öffnet mit vorgelegter Kette. »Was soll der Unsinn«, frage ich. »Hörst du zu viele Polizeiberichte?« »Komm schnell rein«, sagt er nur, und dann erzählt er mir die gleiche Geschichte, die ich selbst erlebt hatte.

Erstaunt sehen wir uns an. Was soll das alles? Hat sich hier jemand einen Scherz erlaubt - vielleicht, um beim nächsten Mal Ernst zu machen? Plötzlich haben wir beide den gleichen Gedanken: Die Alte im Erdgeschoß. Sie bekommt ja immer alles mit. Wir klopfen an die Tür - die Klingel ist längst kaputt. Die Frau öffnet, wir blicken in ein fröhliches Gesicht, aus der Wohnung dringen Stimmen.

Sie kommt unserer Frage zuvor. »Der Hausbesitzer ist da. Es war gegen elf, als er kam. Aber wir konnten Sie beide nicht finden ...« - Wir sind sprachlos - und verärgert. Natürlich hätten wir uns bereit gehalten, wenn wir etwas gewußt hätten. Außerdem hatten wir wirklich zu tun. Und nun sitzt er in der dreckigen Wohnung der Alten. Ob er uns das übelnimmt?

»Wer ist denn noch da«, frage ich zögernd. »Die Familie von ganz oben, die mit den vielen Kindern.« »Und was will er hier?« »Das, was er schon immer einmal angekündigt hat. Uns kennenlernen - und renovieren. Aber kommen Sie doch bitte mit rein. Ich möchte Sie mit ihm bekanntmachen ...«

Ich fühle mich übergangen. Konnte er sein Kommen nicht anmelden? Eine Karte hätte doch genügt! Oder - mir fällt der Brief ein. Ich konnte den Gast doch unmöglich begrüßen, ohne seinen Brief gelesen zu haben! Ich eile nach oben und krame den Wohnungsschlüssel aus der Tasche. Aber als ich öffnen will, entdecke ich einen Zettel an der Tür, den ich vorhin übersehen haben mußte. Er war zweispaltig bedruckt und hatte die Form eines Flugblattes:

Paulus im 2. Brief an die Thessalonicher im 5. Kapitel:
»Wenn es um den Tag des Herrn geht, braucht ihr nicht über bestimmte Zeiten und Stunden zu spekulieren, wenn ihr nur nicht vergeßt, daß dieser Tag wie ein Dieb in der Nacht kommen wird. Wenn es überall heißen wird: ›Es geht alles seinen Gang, es besteht keine Gefahr‹, wird bald das Verderben über die hereinfallen, die so reden - so, wie die Wehen eine schwangere Frau überfallen. Dann wird sich keiner davonschleichen können.

Ihr aber, Brüder, seid nicht in der Finsternis, daß der Tag etwa wie ein Dieb über euch komme. Sondern ihr seid Kinder des Lichts, die zum Tag gehören. Weder zur Nacht noch zur Finsternis.

So laßt uns nun nicht schlafen wie die andern, sondern laßt uns wachen und nüchtern sein, nicht aber dem Schlaf verfallen oder der Trunkenheit, wie es für die Nacht typisch ist.

Als Kinder des Tages wollen wir uns unseren Glauben und unsere Urteilskraft nicht vernebeln lassen, sondern nüchtern sein, angetan mit dem Panzer des Glaubens und der Liebe und mit dem Helm der Hoffnung auf die Erneuerung der Welt.« Amen.

Verschwörung zur Heiligen Nacht

(Lk 2, 1-20)

Heiligabend (24. Dezember 1990)

I.

Können Sie eigentlich noch zuhören? Sind Sie wirklich noch so aufnahmefähig, sich jetzt und hier einer Ansprache auszusetzen? Schon wieder hinzuhören, nachdem Sie in den letzten Wochen und Monaten so viel anzuhören hatten?

Ich möchte Ihnen diese Fragen ohne einen ironischen Unterton stellen. Denn ich gehe davon aus, daß wir heute vor dem gleichen Problem stehen - Sie als Hörer und ich als Redner: Wir sind es müde, »agitiert« zu werden, voran- oder zurückgetrieben zu werden durch eine unaufhaltsame, uns überall in Wort und Schrift und Bild erreichende Aufklärerei. Wir sind von Informationen nur so gehetzt. Und jede Information will uns agitieren, will uns zu bestimmten Überzeugungen, bestimmten Gefühlen und bestimmten Handlungen bewegen. Parteien agitieren uns, Versicherungen veranstalten wahre Feuerwerke der Agitation, die Werbung agitiert uns, Zeitungen und Rundfunksender. Und daß wir uns dieser Agitation nicht entziehen konnten, merken wir am deutlichsten an dem Überdruß, den wir mittlerweile empfinden mögen.

Eine Grenze scheint erreicht zu sein, eine gefährliche Grenze. Wenn ich sie überschreite, komme ich an einen Punkt, an dem ich sage: Ich wünsche keine weiteren Informationen, keine Aufklärung mehr. Ich will es nicht wissen: Nicht, warum ich diese Partei bevorzugen soll; nicht, mit welcher Versicherung ich besser fahre; nicht, warum ich mein Geld hier besser anlege als dort; nicht, welche Spende wichtiger ist; nicht, wieviele Menschen hungern; nicht, ob es mir besser oder schlechter geht als vor einem Jahr, und erst recht nicht, warum ich heute Weihnachten feiern und mit welchen Gedanken ich meine Bockwurst zum Kartoffelsalat verspeisen soll.

Da soll einer zuhören! Und da soll ich auf die Kanzel - in dem Wissen, daß auch von dieser Stelle aus so manches Mal agitiert wurde!

II.

Nein, heute wird nicht agitiert. Im Gegenteil. Ich lade Sie zu einer Verschwörung gegen die Agitatoren ein. Wer das schon als Agitation empfindet, kann ja inzwischen - sagen wir mal - Weihnachtslieder lesen, freilich auf die Gefahr hin, daß er sich dadurch schließlich doch an dieser Verschwörung zu Heiligabend in St. Marien zu Greifswald beteiligt.

Eine Verschwörung will geplant sein, nach Zeit und Ort - und in bezug auf die beteiligten Personen. Ich schlage vor, wir zetteln sie, wie sich das gehört, um Mitternacht, im Untergrund an, im Abseits, an einem unverdächtigen Ort, in einem Stall. Und zur Verschleierung der umstürzlerischen Aktionen, die dort ihren Anfang nehmen werden, schaffen wir eine ebenso intime wie ungefährliche Kulisse. Dazu gehören ein Ochse, ein Esel, ein hilfloser Mann, eine geschwächte Frau, eine Handvoll Schäfer - und mittendrin ein schreiender Säugling. Keiner wird auf den Gedanken kommen, daß *das* der Anfang eines Stückes ist, dessen Ende die Agitatoren entblößen wird.

Sie erkennen die Kopie? - Oder besser: Das Original? Weihnachten - eine göttliche Verschwörung gegen die Bewußtseinsmacher?

Liebe Leute, ich weiß nicht, *warum* Gott dieses Stück in all seinen Details so und nicht anders inszeniert hat, dieses Stück um ein Freßgestell für Esel. Aber ich weiß, weshalb ich auf dieses Stück zurückkomme, wenn ich das Buhlen um meine Aufmerksamkeit nicht mehr ertragen kann, wenn ich all der erprobten Überzeugungsstrategien müde bin und trotzdem weiß, wie nötig ich Anhaltspunkte und Anhaltsmenschen habe, auf die ich mich von Zeit zu Zeit stützen, berufen und verlassen kann.

Aber eignet sich dafür ein schreiender Säugling? Wird sich dieses Bündel in der Krippe letztlich nicht doch nur als das Element einer neuartigen, ganz gerissenen Überzeugungskunst entpuppen? Immerhin: Einen Unterschied zwischen dem Kind und den Aufklärungsmanövern, mit denen man sonst über mich herfällt, stelle ich sofort fest. Das Kind redet nicht auf mich ein. Auf seine Äußerungen muß ich mich nicht konzentrieren, ich kann sie sogar mit einem Lächeln zur Kenntnis nehmen. Und was ich dabei genieße, ist auch, daß es mir nicht mit Argumenten entgegentritt. - *Dieses* Kind ist selbst ein Argument.

Ein Argument für einen Gott, der die Menschen nicht agitiert, sondern sie liebt.

Und? Was nützt mir das, wenn ich in diesem Jahr - Oh, du fröhliche! - zum ersten Mal als Arbeitsloser den Heiligen Abend erlebe? - Oh, du selige, gnadenbringende Weihnachtszeit!? Welchen Unterschied macht es, ob dieser Gott uns nun agitiert oder liebt, wenn Sie die Erinnerungen an den Zweiten und die Angst vor einem dritten Weltkrieg nicht schlafen lassen oder wenn Sie nachher in eine Wohnung kommen, in der Sie allein sind?

Mit diesen Einwänden im Ohr treten wir in den Stall, in den wir vor den Agitatoren geflohen sind. Und wir sehen - es ist wirklich ein *Stall,* bar jeder Idylle. Es ist kalt, Wind pfeift durch die Ritzen, Maria sehnt sich nach einem Bett, der Säugling wird mit den denkbar primitivsten Mitteln zur Ruhe gebracht ... Wenn der da in der Krippe die Veranschaulichung davon sein soll, daß Gott die Menschen nicht agitiert, sondern liebt, dann tut sich eine dringliche Frage auf: Was habe ich eigentlich von einem Gott zu erwarten, der sich so präsentiert? - Daß er mir Arbeit beschafft? Besuche ins Haus schickt? Mir Kriege vom Leibe hält?

III.

Ich brauche frische Luft, trete einen Augenblick vor die Stalltür und fange an zu sortieren. Die Erwartung des Messias ist zu allen Zeiten untrennbar mit der Erwartung politischer Veränderungen verbunden gewesen. Selbst für Maria. Als sie einen Hinweis erhielt auf die Rolle, die ihr Sohn einmal spielen sollte, bestand ihre erste Reaktion darin, ein höchst revolutionäres Lied anzustimmen, eine Hymne, in der alle politischen Ebenen des Zusammenlebens angesprochen werden. Maria singt:»Da wird sich alles ändern.« Ob sie da nicht ihr Kind mißverstanden hat, schon bevor es geboren wurde? Die Zukunft wird es zeigen.

Aber eines steht fest, schon jetzt, in der Heiligen Nacht, angesichts des Kindes: Wenn sich Gott mit diesem Häuflein Elend in der Krippe, also mit dem Menschen Jesus, *so* identifiziert, daß er sagt: „Das bin ich" - heißt das dann nicht auch, daß er unter *unseren, unter menschlichen* Bedingungen unter uns ist, in welche Richtung auch immer sie sich entwickeln mögen? Daß er Gott für uns ist nicht als der Erhabene, unberührt von dem, was uns niederschmettert oder erregt oder Sorgen bereitet, sondern als der Mitbetroffene. Daß er bei uns ist unter den Bedingungen, unter denen wir leben, nicht unter solchen, die erst noch erzielt werden müssen, nicht unter Verhältnissen, für deren Durchsetzung wir erst noch agitiert werden müssen. Diesem Gott vertrau' ich mehr als jedem andern.

Da schreit wieder das Kind, und mir wird klar, daß es sich nicht auf einen Nenner bringen läßt mit dem Slogan:»Mit uns bekommt man alles in den Griff«, sondern es signalisiert eine unerhörte Zusage, die Haltung Gottes zu den Bedingungen, in denen wir stecken: *Es trifft ihn mit!* Als wollte er sagen:»Die Möglichkeit eines zukünftigen Krieges macht euch zu schaffen? Mir auch! Du bist bedrückt wegen des Hungers von zwei Dritteln der Weltbevölkerung? Ich auch!« Und darin - daß Gott sich als mitbetroffen erklärt - liegt die größtmögliche Garantie dafür, daß die gegenwärtigen Zustände nicht die letzten sind.

Das Kind argumentiert nicht, es ist selbst ein Argument. Nicht nur für den Gott, den wir kennenlernen sollen, sondern auch für jeden Menschen, der sich für den Turmbau zu Babel werben ließ und noch immer nicht losgekommen ist von der Zwangsarbeit, Quader um Quader den Himmel zu erreichen. Der Gewinn, den die Aktion »Leben wie Gott in Frankreich« einbringen sollte, liegt in menschlicher Gestalt zu ebener Erde. Und allen, die darum herumstehen, schreit das Kind unüberhörbar das Lied von der Menschlichkeit Gottes entgegen: Ein für alle Mal Schluß damit, daß ihr euch dazu herausfordern laßt, immer göttlicher zu werden durch mehr Macht und mehr Moral, durch mehr Markt, durch mehr Mode; durch mehr Bewußtsein oder Christsein, durch mehr Einsatz oder Umsatz!

Und unser einziges Argument liegt in der Krippe. Und wer sich einläßt auf dieses Argument, wird das in der Weise tun, die dem Kind entspricht. Dabei zählt nicht, was ich kann, auch nicht, woran ich gescheitert bin. Sondern daß es da ist und ich da bin, wo das Kind ist.

Wenn dieses Argument greifen sollte, dann stehen den Agitatoren saure Zeiten ins Haus. Ihre Zielgruppe könnte ihnen abhanden kommen, weil das Kind in der Krippe ihren Zielvorgaben zuvorgekommen ist. Es verheißt keine goldenen Zeiten für später, sondern die Zeit der Nähe Gottes für jetzt.

Und so schreit das Kind im Stall in die Versprechungen der Sprücheklopfer, bringt sie aus dem Konzept, entlarvt ihre Absichten. Und ich fange an, sie zu durchschauen, über sie zu schmunzeln und ihre Slogans zu verdrehen: »Bringen Sie uns noch heute Ihr Geld - morgen haben wir es!« »Warten Sie nicht, bis man Ihnen ihr Auto stiehlt, stehlen Sie sich selbst eins!« »Schenken Sie uns Ihr Vertrauen - wir wissen heute schon, was Sie morgen denken!« Ja, ich fange an, in Anbetracht des Kindes, über die Sprücheklopfer zu lachen. Eine wahrhaft befreiende Verschwörung!

Ja, jetzt wäre ich in der Stimmung, mit der ganzen Belegschaft des Stalls von Bethlehem zu feiern. Und diese Stimmung ist mit begründeter Zuversicht verbunden. Beides verdanke ich dem Kind. Ich wünsche Ihnen, daß es Ihnen ähnlich geht und daß Sie sich ohne Vorbehalt auf die Feier dieses Heiligen Abends einlassen können. Amen.

Keine Ruhe hinterm Vorhang

(Joh 12, 20-26)

Sonntag Lätare (10. März 1991)

I.

In einer Zeitung habe ich gestern gelesen, daß die Reiselust der Menschen in den neuen Bundesländern seit der Währungsunion unglaublich gewachsen sei. Diese Bemerkung enthält zwei Ungenauigkeiten: Zum einen steckte den meisten von uns die Reiselust schon vor der Währungsunion in den Gliedern, und zum anderen hat die Umsetzung einer bisher künstlich gezügelten Reiselust in wirkliche Reisen ganz und gar nichts Unglaubliches, sondern ist selbstverständlich. »Man will doch endlich mal was sehen!« Endlich mal schauen. - Gewiß hat sich mancher im letzten Sommer übernommen. Paris, Mailand, Neapel in fünf Tagen - ein heller Wahnsinn. Venedig in drei Stunden bei 35 Grad im Schatten. Ein einziger Streß. Aber man hat *gesehen,* gesehen und nochmals gesehen.

Der Mensch hat sich zu einem Wesen qualifiziert, bei dem das Auge zum wesentlichsten Mittel der Informationsaufnahme geworden ist. Natürlich, die Menge der aufgenommenen Informationen ist noch längst keine Garantie dafür, daß man irgend etwas *verstanden* hat. Die Touristenpulks, die zwischen Mittagessen und Busabfahrt historische Stätten erstürmen und antike Skulpturen fotografieren, haben von den betreffenden Ereignissen und Orten oftmals nicht mehr mitbekommen als den optischen Eindruck. Und trotzdem ist nach solchen *Seh-Reisen* die Rede davon, daß man das alles nun *kennt.*

Bis in unseren Sprachgebrauch hinein setzt sich dieses Denken fort: Wenn wir etwas bezweifeln, weil wir es vielleicht noch nicht kennen, so sagen wir: »Das will ich sehen!« Manchmal bekommen wir auch durch die Art der Bildschirm-Information das Gefühl vermittelt, verstanden zu haben, worum es geht. »Ich habe es doch gesehen! Ich habe doch gesehen, wie es war! Ich war doch - beinahe - dabei!«

Aber eben nur beinahe. Ich war nicht Zeuge. Ich habe nur einen Ausschnitt vom Ganzen gesehen. Und zum *Glück* habe ich nur gesehen. Ich *will* ja auch nur - höchstens - sehen. Das reicht mir voll und ganz. Diese mit dem Sehen verbundenen Erfahrungen schwingen in mir mit, wenn ich im heutigen Predigttext von dem Wunsch einer griechischen Pilgergruppe höre, Jesus zu sehen:

> »Es waren aber etliche Griechen unter denen, die hinaufgekommen waren, daß sie anbeteten auf dem Fest. Die traten zu Philippus, der von Bethsaida aus Galiläa war, baten ihn und sprachen: Herr, wir wollen Jesus gerne sehen. Philippus kommt und sagt's Andreas, und Philippus und Andreas sagten's

Jesus weiter. Jesus aber antwortete ihnen und sprach: Die Zeit ist gekommen, daß des Menschen Sohn verherrlicht werde. Wahrlich, wahrlich, ich sage euch: Wenn das Weizenkorn nicht in die Erde fällt und erstirbt, so bleibt's allein; wenn es aber erstirbt, so bringt es viel Frucht. Wer sein Leben lieb hat, der wird's verlieren; und wer sein Leben auf dieser Welt hasset, der wird's erhalten zum ewigen Leben. Wer mir dienen will, der folge mir nach; und wo ich bin, da soll mein Diener auch sein. Und wer mir dienen wird, den wird mein Vater ehren« (Johannes 12, 20 -26).

II.

Wenngleich man davon ausgehen kann, daß die verschiedenen Personen und Gruppen im Johannesevangelium sehr häufig über sich hinausweisen, ja oftmals als Figuren gelten sollen und somit grundsätzliche Haltungen gegenüber Gott, Jesus oder dem Evangelium vertreten, wollen wir doch versuchen, uns erst einmal ein Bild von diesen Leuten selbst zu machen. Es geht um Menschen aus einer anderen Welt, nicht um Juden. Sie haben sich aber immerhin so viel mit der jüdischen Religion befaßt, daß - so könnte man sagen - ein Funke übergesprungen ist. Vielleicht mehr als nur ein Funke. Jedenfalls nehmen sie die Reise nach Jerusalem auf sich, um das Passafest mitzuerleben. Und was hatten sie da erlebt! Jene Geschichte, die uns als »Einzug Jesu in Jerusalem« überliefert ist. Damit ist klar: Eine Begegnung, eine Audienz bei diesem Mann wäre *der* Höhepunkt der Reise. Vielleicht ergibt sich sogar ein Gruppenfoto.

Ist Ihnen aufgefallen, wie heikel diese Angelegenheit für die Jünger ist, denen dieser Wunsch mit der Bitte um Weiterleitung vorgetragen wird? Philippus gerät in große Verlegenheit und wagt sich nicht, allein eine Entscheidung zu treffen. Aber auch zusammen mit Andreas kommt keine Zusage zustande. Warum dieses Zögern? Was ist so ungewöhnlich an diesem Antrag, Jesus zu sehen? War nicht Zachäus eigens aus diesem Grunde auf einen Baum gestiegen? War Jesus nicht sogar nachts zu sprechen, als Nikodemus mit all seinen Fragen an ihn herantrat?

Der Unterschied, den Jesus hier macht, liegt in seinen Zielen und in den Absichten der Frager begründet. Indem er sich von *Zachäus* nicht nur sehen, sondern sogar einladen ließ, hatte er seine Karriere in den Augen der Pharisäer stark gefährdet - aber so war er wenigstens nicht mißverstanden worden, am wenigsten von Zachäus. Denn der war sich im klaren darüber, welche tiefgreifenden Konsequenzen seine Begegnung mit Jesus hatte. Jesus sehen und von seinem riskanten Weg in Mitleidenschaft gezogen zu werden, sind Vorgänge, die dicht beieinanderliegen. - Und *Nikodemus* kam, weil er nicht mehr schlafen konnte - weil das, was er mitbekommen hatte von Jesus, sein ganzes Lehrgebäude auf den Kopf stellte. Er war hin- und hergerissen nicht von der publicity um Jesus, sondern weil er angefangen hatte, zu *verstehen.*

Die Griechen aber, wie sie das gewohnt sind von ähnlichen Empfängen, möchten bei Jesus eingeführt werden. Sie möchten ihn vorgeführt bekommen. *Das* gab es noch nie. Sie möchten sich ein Bild von dem machen, der hier eben gefeiert wurde - ein Bild, von dem Jesus von vornherein weiß, daß es nicht stimmt. Denn was ist bei einem, der Audienz gewährt, erkennbar von seinem Programm? Deshalb antwortet Jesus den beiden Jüngern: »Die Zeit ist gekommen, daß des Menschen Sohn verherrlicht werde. Es ist wirklich so, wie ich euch sage: Wenn das Weizenkorn nicht in die Erde fällt und erstirbt, so bleibt's allein; wenn es aber erstirbt, so bringt es viel Frucht.«

III.

Wir erfahren nichts darüber, ob es denn nun schließlich zu diesem Gespräch kommt. Ich glaube es nicht. Denn von Jesus ist bekannt, daß er ohnehin skeptisch war gegenüber religiösen Schlüssen, die aus optischen Eindrücken gezogen wurden. Ich denke dabei nicht nur an seinen Ausspruch: »Selig sind, die nicht sehen und doch glauben« (Johannes 20, 29); sondern wie oft lesen wir im Evangelium davon, daß Jesus Kranke heilt, Dämonen austreibt und andere außerordentliche Dinge (also etwas »fürs Auge«) tut, gleichzeitig aber gebietet, von all dem zu schweigen, was da gesehen wurde. Alles, um nicht mißverstanden zu werden. Als wollte er sagen: Wer ich für euch bin, wird erst in Jerusalem deutlich, wenn das Weizenkorn in die Erde kommt. Dort lasse ich mich sehen - ausgezogen. Von dem, was *am Kreuz geschieht, davon* sollt ihr euch ein Bild machen. Aber rechnet damit, daß euch diese Betrachtung in Mitleidenschaft zieht - so, wie es mich in Mitleidenschaft gezogen hat, wenn ich *euch* angesehen habe.

In gewisser Weise ist die ganze Passionsgeschichte, vielleicht kann man sogar sagen, die ganze Heilsgeschichte, eine Folge davon, daß Gott uns einerseits nicht ansehen kann, nicht zusehen kann, ohne sich auf den Weg zu machen. Jesu Botschaft ist dementsprechend nicht in erster Linie ein Appell, in seine Nachfolge zu treten, sondern ein biographisches Dokument dafür, *wie Gott den Menschen nachfolgt.* Jesus bezeugt einen Gott, der sich das Geschick der Menschheit nicht wie ein Spektakel betrachtet, sondern sich zusehends für sie hingibt. Eher läßt er sich den Gedanken der Inkonsequenz unterstellen, bevor er zusieht, wie der Mensch zugrunde geht.

Besonders eindrücklich wird das im 1. Buch Mose nach der Geschichte vom »Sündenfall« geschildert: *Aus den Augen* - so könnte man kommentieren, wenn man dort liest, daß Gott den Menschen eigenhändig aus dem Paradies vertreibt. Aber schon kurze Zeit später, als er Kain und Abel bei der Arbeit sieht, wird klar, daß er sich nicht heraushalten wird aus der Geschichte der Menschen. Oder denken wir an die von der Malschule der Nazarener immer wieder verkitschte Szene aus Lukas 19: »Als Jesus nahe an Jerusalem herangekommen war, sah er die Stadt an und weinte über sie und sprach: ›Würdest doch auch du zu dieser Zeit begreifen, was dir zum Frieden diente‹« (V. 41f). Hinsehen und anerkennen, daß das, was ich da sehe, mit mir zu tun hat, daß es mich herausfordert und mein Einsatz bedeutet - das gehörte für Jesus untrennbar zusammen. Diese Szene entbehrt jeder Süße; sie ist ein Beispiel dafür, daß das den Menschen in Mitleidenschaft ziehende Sehen an seine Existenz rührt.

Im Johannesevangelium stehen die Griechen für die übrige Welt. Als Jesus merkt, daß er über die Grenzen seines eigenen Volkes hinaus bekannt wird, äußert er gegenüber seinen Freunden: »Die Zeit ist reif. Aber nicht dafür, meinen Einfluß zu organisieren, sondern dafür, letzte Unklarheiten zu beseitigen. *Wenn die Welt auf mich sieht, soll sie mich am Kreuz sehen. Und hoffentlich sieht sie dann nicht weg.*«

Liebe Gemeinde - wir leben in einer Zeit, in der in der kleinen Welt der neuen Bundesländer wieder stärker der Wunsch ausgesprochen wird, Jesus zu sehen. Das kommt mir manchmal etwas Griechisch vor. Und wir sind in der Gefahr, ihn vorzuzeigen, den Jesus, wie er erwartet wird. Vielleicht gibt es eine falsche Eilfertigkeit oder Beflissenheit, die darin besteht, das Werbende am Christentum hervorzukehren und das Kreuz hinter dem Vorhang kirchlicher Errungenschaften zu verstecken.

Wenn an dieser Vermutung etwas dran ist, dann könnte dieser Text eine verheißungsvolle Erinnerung daran sein, daß der Gekreuzigte hinter dem Vorhang keine Ruhe geben wird. Er wird sich wieder und wieder zeigen. Einmal, weil er nach uns sehen will, und zum anderen, weil er Nachfolger sucht. Amen.

Herde Christi - oder linientreue Masse?

(Joh 10, 11-16)

Sonntag Misericordias Domini (14. April 1991)

I.

Für mich hat das Bild vom Hirten und seiner Herde von Kind auf etwas Idyllisches. Das, was ich auf dem Dorf vom Leben eines Hirten mitbekam, das, was ich in dem Buch *Der Gute Hirte* erklärt fand, und schließlich auch die Geschichten und Gemälde der Romantik zum Thema Hirt und Herde trugen das ihre dazu bei, entsprechende Szenen als Bestandteile einer heilen Welt zu betrachten. Zu dieser Welt gehören weiche Wiesen, ausgedehnte Wälder, Täler, Auen, Sonnenuntergänge.

Der heutige Predigttext enthält kaum etwas davon. Eher das Gegenteil ist der Fall. Die Bildrede vom guten Hirten wird von Johannes dazu verwandt, Vertrauensfragen zu stellen. Das sind sehr ernste, wichtige Fragen: Wem können wir vertrauen - und warum? Wem sollten wir nicht vertrauen - und warum? Und schließlich: Wie steht es um unsere Vertrauenswürdigkeit?

Diese Fragen klingen sehr schlicht, aber wir sollten ihre Problematik nicht unterschätzen. Können wir das überhaupt noch - wirklich vertrauen, uns anvertrauen? Ich stelle an mir selbst fest, daß ich immer skeptischer werde und daß sich die Zahl der mir als vertrauenswürdig erscheinenden Personen und Institutionen eher verringert als vergrößert. Und vielleicht geht es Ihnen ähnlich: Wir sind zu oft übers Ohr gehauen worden, als daß ausgerechnet das Vertrauen zu unserem besonderen Wesensmerkmal geworden wäre. »Ich bin euer Führer«, sagte Hitler - und führte das deutsche Volk in den Ruin. »Wir sind euer großer Bruder«, tönten die Sowjets - und unterdrückten uns mit ihrer brüderlichen Hilfe. »Wir sind die wahren Vertreter der Interessen der Arbeiterklasse«, protzten die Bonzen der SED - und nahmen sich, was sie brauchten. - »Ich bin der gute Hirte«, sagt Jesus.

II.

Worin liegt der Unterschied? Zunächst einmal ist es ja interessant, daß denen, die sich als Führer, großer Bruder oder als Vertreter der Interessen des Volkes bei uns eingemogelt hatten, weitaus größere Herden dummer Schafe gefolgt sind. Der, der uns von vornherein sagte, er werde sich als Hirte (und nur als Hirte) um sein Volk bemühen, hatte immer nur eine *kleine* Herde.

Und damit haben wir den ersten Unterschied benannt, heilsam für uns, wenn wir ihn nicht vergessen:

»Wahrlich ich sage euch: Wer nicht zur Tür hineingeht in den Schafstall, sondern steigt anderswo ein, der ist ein Dieb und Räuber. Der aber zur Tür hineingeht, der ist der Hirte der Schafe.«

Wie kommt es, daß sich Menschen noch immer aufs Kreuz legen lassen nach soviel tausend Jahren Herrschaftsgeschichte? Wie kann es geschehen, daß Menschen immer wieder Verführern auf den Leim gehen, die sich mit mehr oder weniger unverfrorener List Zugang verschaffen zu den Herzen und Köpfen der Massen und sie sich dienstbar machen? - Vielleicht, weil das Bild von Hirt und Herde etwas allzu Bevormundendes hat? Wer fühlt sich schon gern als Herdentier! Der Mensch braucht doch gar keinen Hirten.

Gerade vor diesem Hintergrund zeigt sich aber, wie realistisch ein an Jesus orientierter Glaube ist. Was setzt Jesus voraus, wenn er das Bild vom guten Hirten als *Gottesbild* in Umlauf bringt? Er setzt jedenfalls keine Idylle voraus, keine Romantik, in der eine Szene mit Hirt und Herde den Punkt aufs i setzt, sondern er setzt voraus, daß der Mensch ohne Orientierung verloren ist. Und er setzt voraus, *daß* der Mensch sich immer an irgend etwas oder irgend jemandem orientiert.

Das Evangelium Jesu besteht darin, zu verkünden, daß Gott bereit und in der Lage ist, uns aus dem Sog der Verführergestalten herauszulösen und neue Orientierung zu bieten. Wir werden dabei nicht auf ein Viertes Reich orientiert. Wir werden von diesem Hirten nicht mit dem Versprechen geworben, daß es »keinem schlechter gehen wird als heute«. Aber für eines will er garantieren: Keines der Schafe soll verlorengehen. Dafür bürgt dieser Hirte mit seinem Leben.

Liebe Gemeinde, was wäre der Menschheit - und vielen von Ihnen - erspart geblieben, wenn die, die sich im Laufe der Zeiten als Führerfiguren aufspielten, sich das Ziel Jesu wenigstens in bescheidenem Rahmen zu eigen gemacht hätten. In was für einer wunderbaren Welt lebten wir, wenn sich die, die sich darum gerissen haben, aus purer Freude an der Macht für uns die Verantwortung zu übernehmen, zum obersten Prinzip gemacht hätten: »Keiner darf verlorengehen. Ich bürge dafür mit meinem Leben.« Im Ernstfall sprangen immer die Schafe über die Klinge, zu Hunderten, zu Tausenden, zu Millionen ... In diesem Zusammenhang wird deutlich, was das für ein Ziel ist, zu dem Jesus mit seiner Herde unterwegs ist: Es geht um nichts geringeres als das Reich Gottes.

So gesehen, ist das Bild vom guten Hirten die »Evangeliumsversion des ersten Gebots«: »Ich bin der Herr, dein Gott. Du sollst keine anderen Götter haben neben mir« - so heißt es im Gesetz. »Ich bin der gute Hirte. Und die Schafe hören meine Stimme« - so wird dieses Gebot zum Evangelium im Munde Jesu.

III.

Wir haben uns bis jetzt fast ausschließlich über die Merkmale des Hirten verständigt, über sein Ziel, über seine Bereitschaft, sein Leben dranzugeben - darüber, wie Jesus und der Hirte zusammengehören. Dabei ist vielleicht auch deutlich geworden, daß das romantisierende Hirtenbild recht wenig mit der Wirklichkeit zu tun hat. Nun ist aber auch noch danach zu fragen, ob - und wenn ja, wie - wir und die Schafe zusammengehören.

Einen Verdacht können wir ja - Gott sei Dank - sehr leicht aus dem Weg räumen: den Verdacht, das Schaf und der Christ hätten vor allem Unselbständigkeit und Unmündigkeit gemein. Denn es hat sich - u.a. in der Wende - deutlich genug gezeigt, daß der Christ angesichts befohlener bzw. inszenierter Massenbewegungen gerade *kein* Herdentierverhalten an den Tag legt. Wenn es um die Vertrauensfrage ging, stand und steht er eher als Einzelgänger da - lächerlich manchmal, als Schaf mitten unter Wölfen.

Der springende Punkt bei dem Vergleich eines Christen mit dem Schaf einer Herde ist also gerade nicht das gedankenlose, durch die Menge bedingte, im Grunde zwangsläufige Nachlaufen in der Masse, sondern ist die Hörfähigkeit und Hörbereitschaft des einzelnen. Im Text heißt es: »Die Schafe folgen ihm nach, *weil sie seine Stimme kennen*« (V. 4). Dahinter steht kein Herdentrieb, sondern »kennen« hat etwas mit Kenntnis und Bekenntnis zu tun, ist also mit einer wohlüberlegten Entscheidung verbunden und in hohem Maße eine Sache des Kopfes. Umgekehrt hat sich aber gerade die vermeintliche Emanzipation aus dem Zeitalter der Religion, der Ekel vor dem Christentum, als verhängnisvoll erwiesen und viele Menschen zu ferngesteuerten Gliedern einer linientreuen Masse gemacht.

Natürlich war und ist es nicht leicht, immer den Anschluß zu halten. Schließlich hat Gott keine Hunde eingesetzt, die um die Herde jagen und für Ordnung sorgen, indem sie äußere und innere Störenfriede abschrecken. Mancher wünschte sich das vielleicht. Denn was sind Hirt und Herde in einer Gesellschaft freiheitlich-demokratisch polternder Parteiführer, greller Angebote zur Planung und Leitung unseres Lebens, schwindelerregender Konzepte für unsere Zukunft?

Nur nicht den Kopf in den Sand stecken - dann kommen die Wölfe erst recht. Aber wenn uns andere Stimmen zu betäuben drohen, wenn uns unser von den Geräuschen der Wende überstrapazierter Kopf zu dröhnen beginnt, wenn es rings um uns herum in den gräßlichsten Tönen blökt, so laut, daß wir die Stimme des Guten Hirten nicht mehr vernehmen, so laut, daß wir auch nicht hören, wie er uns bei unserem Namen ruft, dann wird das andere zum Glück nicht hinfällig, was der Auslöser dafür war, daß wir überhaupt einen Hirten kennen: »*Ich* bin der gute Hirte und kenne die Meinen« (V. 14).

»Ich bin der Partner für die Zukunft« - sagte der Versicherungsboß - und steckte die Zukunft der anderen in seine Tasche. »Ich mache Millionäre« - sagte der Geschäfts-

führer - und meinte sich selbst damit. »Wir sind eure Chance« - sagten die Funktionä-
re - und ergriffen sie selbst. »Ich bin der gute Hirte« - sagt Jesus.

Wie weit ist dieses Evangelium in uns eingedrungen? So weit, daß andere den
Anschluß suchen und fragen, warum, wohin und mit wem wir unterwegs sind? Es
bedeutet keinen Widerspruch zum Bild vom Guten Hirten, wenn wir uns daran
erinnern, daß andere uns brauchen, um - lassen Sie diesen Begriff ruhig einmal gelten - zur Herde zu finden und mit dem Guten Hirten vertraut zu werden. Was
Außenstehende noch zu oft von uns abschreckt, ist unser Stallgeruch; mit anderen
Worten: unsere Abgeschlossenheit, unsere Selbstgenügsamkeit. Ich sage das, damit
wir auf der Hut sind - damit sich nicht unversehens doch noch der Zustand bei uns
einschleicht, den uns die Konkurrenten des Guten Hirten immer wieder vorhalten:
Trägheit, Unselbständigkeit, Unmündigkeit, Lebensuntüchtigkeit usw. Dann rücken
sie uns nämlich wieder auf den Leib und sagen: »Wir sind die Schrittmacher!« - und
zertreten uns womöglich mit ihrem Schritt. Sagen: »Wir sind vorn!« - und werfen uns
nach hinten. Sagen: »Wir sind die Größten!« - und machen uns klein ... »Ich bin der
gute Hirte«, sagt Jesus. Amen.

»... mit der Geschichte der letzten Nacht«
(Lk 5, 1-11)
5. Sonntag nach Trinitatis (30. Juni 1991)

Ich weiß nicht, ob heute jemand unter uns ist, der irgendwann einmal in seinem Leben ein richtiger Fischer war oder es gar heute noch ist. Er hätte es womöglich etwas leichter, sowohl die Unglaublichkeit wie auch die Heilsamkeit der im heutigen Evangelium beschriebenen Szene nachzuempfinden.

Andererseits schildert Lukas hier eine Begebenheit, die in bestimmter Hinsicht mustergültig, also auch für Nicht-Fischer nachvollziehbar ist, geht es doch um Erfahrungen, die für Leute wie Petrus ebenso unerwartet waren, wie sie es für uns sind, wenn wir sie durchleben.

I.

Mißmutige Fischer am Strand. Sie hatten für den nächtlichen Fischfang alles sorgfältigst vorbereitet. Sie hatten Kälte und sonstige Entbehrungen einer durchgearbeiteten Nacht auf sich genommen, und es bleibt ihnen nichts anderes übrig, als alles neu vorzubereiten - und möglichst nicht an die Möglichkeit zu denken, es könnte beim nächsten Mal wieder so laufen.

Das kommt des öfteren vor. »Nichts gewesen außer Spesen« - so sagen wir dann und kommentieren damit die kleinen großen Vergeblichkeiten unseres Lebens. Wir beklagen in solchen Sätzen den Riesenaufwand, den wir in irgendeiner Sache betrieben haben, einen enormen Einsatz womöglich, der sich aber nicht gelohnt hat. In den kleineren Fällen mag man so etwas vielleicht noch wegstecken können, z.B. wenn es um eine mißlungene Tagung geht. Da hat einer stapelweise Tagungsunterlagen durchgearbeitet. Koffer gepackt. Zugverbindungen herausgesucht, Anschlüsse erwischt. Gesprächsgruppen gebildet ... Und dann die Enttäuschung: Es brachte nichts. Die schöne Zeit. - »Da steckt nun so viel Arbeit drin - allein, wie kommt sie wieder da heraus?«

Ernster ist es, wenn es - und das kommt nicht selten vor - bei jenem frustrierten Fazit um das Resultat gelebten Lebens geht. Ich kenne junge Menschen, denen es wie jenen Fischern am Strande zumute ist. Mit welchem Elan haben sie sich einmal ins Leben geworfen, sich hohe Ziele gesteckt, Eide abgelegt, daß sie es besser machen werden als ihre Vorgänger. Sie haben sich gegenseitig Versprechen gegeben, sich nicht durch Macht und Geld bestechen zu lassen. Sie wollten Ideale in Umlauf bringen, um damit die Welt zu verändern. Sie haben den Willen bekundet, sich das Spießbürgertum vom Leibe zu halten, nicht abhängig zu werden von Traditionen und Konventionen, um im Kampf um die innere und äußere Freiheit der Menschen nicht vorbelastet zu sein. Und dann stellen sie nach und nach fest - von einem Klassentreffen zum andern -, wie schnell sie in die allergemeinste Routine abgesunken sind, wie das Geröll der Jahre wie ein Steinschlag auf dem Menschen und seinen Idealen niedergeht. Sie spüren so etwas wie den Tod vor dem Tod. Dabei können sie nicht mit Bestimmtheit sagen, daß sie irgend etwas falsch gemacht hätten. Und aller Wahrscheinlichkeit nach würde auch der zweite Versuch so enden. Man kehrt vor der Zeit an das Ufer zurück, verankert sein Lebensschiff in den Gegebenheiten des Alltags und überläßt die Entdeckungsfahrten lieber den Ungebrochenen.

Aber viele von den Älteren sind nicht besser dran: Wie oft haben sie ihr Schiff notdürftig reparieren müssen, das bißchen Beute ging in zwei Kriegen über Bord. Um ein drittes Mal zu verlieren, bedurfte es keines Schusses. Das Verbot, sein Lebensschiff dem Wasser anzuvertrauen, tat seine Wirkung.

Doch was rede ich von einzelnen Menschen. Ein halbes Volk sitzt ohne Fische am Strand, hat sich in 40 Jahren abgeschunden, hat alle möglichen geistigen, seelischen und leiblichen Entbehrungen einer steinigen Uferzone auf sich nehmen müssen, hat sein Bestes gegeben und geopfert - und doch sind die Netze verhältnismäßig leer. - Was bringt in solch einer Lage das Evangelium?

»Und Jesus trat herzu und sprach: Fahret auf die Höhe und werfet eure Netze aus, daß ihr einen Zug tut.«

Vielleicht kennen wir diese Geschichte schon zu gut, um beim ersten Wiederhören zu merken, wie ganz anders Jesus auf die Frustrierten zugeht - ganz anders, als man gewöhnlicherweise den von vergeblichem Leben Gezeichneten oder gar einem ganzen Volk auf die Sprünge hilft.

Fangen wir bei den Jüngeren an: Normalerweise - und dieser Norm entspricht auch eine breite kirchliche Tradition - versucht man erst einmal herauszufinden, warum angeblich alles so kommen *mußte*. Schlechtes Elternhaus. Charakterschwäche. Schuldanteile. Fehlende kirchliche Sozialisation. In der Regel kennt man diese persönliche Statistik selbst. Leichtfertig gehandhabt, gilt sie als Argument für das Urteil: Eigentlich hättest du es schaffen müssen. Im Grunde hätte das Netz voll sein müssen. Jeder Mensch - wenn er es richtig anpackt - bekommt sein Leben in den Griff und ein volles Netz dazu.

Wie zynisch, wie überfordernd und wie gesetzlich dieser Grundsatz im Einzelfall sein kann, wird deutlich, wenn wir ihn einmal dem halben deutschen Volk unterstellen. Das ist so, als wäre Jesus zu den Fischern gekommen und hätte ihnen gesagt: Was habt ihr bloß wieder falsch gemacht heut nacht? Kein Wunder, daß ihr nichts gefangen habt: Mit den alten Kähnen! Und wenn ich erst eure Netze sehe! Wie habt ihr denn die zusammengeflickt? Was nehmt ihr eigentlich für wertloses Material? Habt ihr überhaupt eine echte Ausbildung für Fischerei?

Wieviele treten in diesen Tagen auf, die diesen Ton anschlagen. Unsere kaputten

Kähne und Netze verraten nicht gerade viel von der Mühe und dem Schweiß, die ihre Bewältigung abgefordert hat. Aber es ist auch kein Wunder, daß die Gesichter der am Ufer Hockenden nicht vor Zuversicht anfangen zu glänzen. Wenn es wirklich ihre Unfähigkeit war, daß sie der Tod vor dem Tod ereilte, daß sie die Schicksalsschläge des Lebens nicht besser wegstecken konnten, daß ihre Netze wieder und wieder hinter den erwarteten Fangquoten zurückblieben, dann hat es in der Tat keinen Sinn, es noch einmal zu versuchen. Noch einmal? Wieviel Neuauflagen des Alten verträgt ein Mensch? *Zum wievielten Mal noch einmal?!*

Da muß schon einer kommen, der etwas anderes sagt und etwas anderes macht als die Herren Lebensbewerter und Lebensbegutachter und Lebensbeobachter und Lebensgestalter ... Lebensverkäufer. - Und Jesus trat herzu und sprach:»Fahret auf die Höhe und werfet eure Netze aus, daß ihr einen Zug tut.« Ja ihr, ihr, mit all eurem Drum und Dran, ihr mit euren alten Booten, mit den festgeklebten Fischresten auf dem Holz, mit den geflickten Netzen, ihr mit eurer Geschichte, auch mit der Geschichte der letzten vergeblichen Nacht, ihr seid es, die ihr jetzt hinausfahren sollt. Nehmt euer Gerät, dem man die Jahre ansieht, und dann fahrt hinaus.

Daß es zu einem gewaltigen Zug kommt, daß unser Leben zum Zuge kommt, hängt nicht davon ab, wie gut es uns gelingt, immer und immer wieder gelebtes Leben abzuschütteln, als vergeblich zu entwerten oder unsere Vergangenheit optisch, psychisch oder auch nur kosmetisch auszurotten und im Gedächtnis auszulöschen. Bei den Fischern vom See Genezareth jedenfalls läuft es anders: Alles, was sie waren und was sie hinter sich haben, begleitet sie auf dieser bangen Fahrt auf das Meer. Auch die Erfahrung, daß es gründlich schiefging, auch das sogenannte bessere Wissen, daß auf dem Meere mittags nichts zu holen ist, also das Wissen um die Aussichtslosigkeit der Lage. Aber trotzdem - oder gerade deshalb? - lassen sie ein Wort, ein Wort wie aus einer anderen Welt, gelten. Sie machen aus der Kluft zwischen ihrer Erfahrung und der Zumutung Jesu keinen makabren Witz und fangen damit an, ihre entmuti- gende Erfahrung nicht mehr als die letzte zu betrachten:»Und Simon antwortete und sprach: Meister, wir *haben* die ganze Nacht gearbeitet und *nichts* gefangen; aber auf dein Wort will ich das Netz auswerfen.«

II.

Die den Fang einbringenden Männer, beziehungsweise - im übertragenen Sinn - Menschen, die ihr Leben als ein beglückendes Geschenk empfinden, sind nicht einfach der »letzte« Erzählsinn des sogenannten *Fischzugs Petri*. Sondern diese Geschichte ist Segment einer langen Kette weiterer Geschichten, in denen Männern und Frauen so etwas wie Petrus passiert:

Jene Geschichte begann sich fortzusetzen, als Jesus zu Petrus sagte: »Von nun an wirst du Menschen fangen.« - Man ist zunächst geneigt, in Gedanken hinzuzufügen: »... so wie jetzt eben die Fische«. Dabei hat Jesus, indem er seine Botschaft als Evangelium gepredigt hat, deutlich gemacht, daß ihm ganz und gar nicht daran liegt, Menschen wie Fische zu ködern. Das unterscheidet ihn bis heute von den Sektenführern. »Bedenke: Die Füchse haben Gruben, und die Vögel haben Nester, aber des Menschen Sohn hat nichts, wo er sein Haupt hinlege«, wird er kurze Zeit später zu einem ganz Spontanen sagen, der alles um der Sache Jesu willen stehen und liegen lassen will.

Von nun an wirst du Menschen fangen? Nein, nicht so, wie du die Fische gefangen hast, sondern *so, wie ich dich gefangen habe,* indem ich auf dich zuging und dir mein Wort gab. Nun geh' auf die anderen zu, so wie ich auf dich zugekommen bin. Ich brauche dich als Zeugen - so wie du bist: ein ums Überleben kämpfender Fischer. Denn - nun auch auf andere bezogen - wer, wenn nicht ihr, wird bezeugen können, daß sich mit primitivsten Mitteln mittags Fische fangen lassen! Daß ein Herbst genügt, um Gewaltige vom Thron zu stürzen! Daß sich Berge versetzen lassen, daß auch ein zum soundsovielten Mal gestrandetes Lebensschiff wider bessere Erfahrung Wind in die Segel bekommen und gesteuert werden kann! Schiebt nicht die Bessermacher vor, wenn es um das beharrliche Eröffnen solcher Lebensmöglichkeiten geht. Die anderen gehen mit ganzen Fischfangfabriken an ihre Beute, haben für Revolutionen Panzer und zum Bergeversetzen Dynamit und Bagger. Ihr aber - ihr seid auf mich angewiesen und habt nur mein Wort - immerhin mein Wort! Und so gewiß ihr niemanden ködern sollt, wie man Fische ködert, so gewiß sollt ihr ihnen das Brot geben, das ich euch gegeben habe, als ich sagte: Fahrt hinaus. Werft die Netze aus. Ihr werdet nicht leer ausgehen. Amen.

Wider die Verdummung und Verklumpung des Salzes
(Mt 5, 13)
8. Sonntag nach Trinitatis (21. Juli 1991)

»Ihr seid das Salz der Erde.« - Es gibt andere Möglichkeiten, in die Bedeutungswelt dieses bildhaften Ausdrucks vom »Salz der Erde« einzudringen, als eine Predigt zu erarbeiten oder sie sich anzuhören: Versuchen Sie einmal, einen Tag lang auf Salz zu verzichten: beim Frühstücksei, beim Zubereiten des Mittagessens, beim Würzen des Salats für das Abendbrot. Und stellen Sie sich vor, dem sogenannten herzhaften Gebäck, das Sie zu späterer Stunde vielleicht bei einem Glas Wein zu sich nehmen, fehlte es an Salz. Zu einem konsequent salzlosen Tag gehörte natürlich noch mehr: salzlose Wurst, salzloser Käse, ungesalzener Fisch, ungesalzenes Brot ... Ich glaube, einen Tag lang zu hungern, würde vielen von uns leichter fallen, als so etwas wirklich zu essen. Aber wie wäre es am zweiten Tag, und wie am dritten? Dann würden wir vielleicht doch schon anfangen zu essen, würden vielleicht auch satt - aber unser Körper würde nach und nach mit verschiedenen Symptomen zu erkennen geben, daß er ohne Salz auf Dauer nicht auskommt.

Unter allen Gewürzen ist das Salz ein besonderes. Während man andere Gewürze, teurere, edlere, exotische, immer wieder einmal benutzt, um ein besonderes, meist aufwendiges Gericht zuzubereiten, geht es ohne die Prise Salz nie ab. Man braucht *nicht viel* davon - aber *immer etwas.*

I.

»Ihr seid das Salz der Erde.« Bevor wir danach fragen, worauf dieser steile Satz hinausläuft, wollen wir fragen, woher er gelaufen kommt. Er kommt nicht wie aus heiterem Himmel, sondern er erhält sein ganzes Gewicht aus einem Zusammenhang, der ihm die Funktion eines Resümees verleiht: »Ihr seid das Salz der Erde« - das steht unmittelbar im Anschluß an die Seligpreisungen, die in ganz einfache Worte fassen, worin die Salzkraft des *Salzes der Erde* besteht:

Selig sind die geistlich Armen: Selig seid ihr, die ihr euch nicht überfordern, nicht von den Zeitgeistern herumkriegen laßt. Ihr seid das Ende der Geistlosigkeit - *ihr seid das Salz der Erde.*

Selig sind, die da Leid tragen: Selig seid ihr, die ihr euch Schmerz und Kummer nicht vom Leibe halten könnt. Ihr seid das Ende der Lebensgewinnler - *ihr seid das Salz der Erde.*

Selig sind die Sanftmütigen: Selig seid ihr, die ihr euch nicht zur Gewalt des Herzens oder der Faust verleiten laßt. Ihr seid das Ende der Hartherzigkeit - *ihr seid das Salz der Erde.*

Selig sind, die da hungert und dürstet nach der Gerechtigkeit: Selig seid ihr, die ihr Unterdrückung - auch die eurer Nächsten und Fernen - in keinerlei Form ertragen könnt. Ihr seid das Ende des Unrechts - *ihr seid das Salz der Erde.*
Selig sind die Barmherzigen: Selig seid ihr, die ihr Rücksicht nehmt auf das, was »hinten« oder »unten« ist. Ihr seid das Ende der Erbarmungslosigkeit - *ihr seid das Salz der Erde.*
Selig sind, die reinen Herzens sind: Selig seid ihr, die ihr euch euer Gewissen nicht abkaufen laßt. Ihr seid das Ende der Heuchelei und der Bestechlichkeit - *ihr seid das Salz der Erde.*
Selig sind die Friedfertigen: Selig seid ihr, bei denen kein Haß nisten noch Schadenfreude keimen kann. Ihr seid das Ende der Zänkereien - *ihr seid das Salz der Erde.*
Selig sind, die um der Gerechtigkeit willen verfolgt werden: Selig seid ihr, die ihr euch das Recht des anderen etwas kosten laßt. Ihr seid das Ende der Gleichgültigkeit und der Duckerei. - *Ihr seid das Salz der Erde.*

Dieser Satz - verstanden als ein Resümee der Seligpreisungen, soll uns nicht in Panik, nicht in eine Handlungshysterie versetzen. Dazu hat er zu viel von einem Zuspruch. Oder haben Sie von dem, wovon die Seligpreisungen sprechen, noch nie etwas bemerkt? Sind die hinter uns liegenden Jahrzehnte nicht eine Zeit gewesen, in der das ostdeutsche Stück Erde mit seinen Bewohnern und Besuchern etwas von der Würze dieses Salzes geschmeckt hat?

Mit dieser Bemerkung soll kein Eigenlob ausgesprochen, sondern gerade der Gedanke an bestimmte Sonderaktionen gedämpft werden, mit denen wir unsere Salzkraft beweisen müßten. Jesus sagt nicht: Ihr sollt das Salz der Erde sein, sondern: »Ihr *seid* das Salz der Erde.« Mit anderen Worten: »Ihr braucht die Erde nicht in ein Salzbergwerk zu verwandeln. Die Krone eures Wirkens besteht auch nicht in einer Übersalzung der Welt. Sondern ihr seid das Salz für die Erde, und ich bin es, der euch ausstreut und euch eure Salzkraft verleiht, nach einem Rezept, das euch unverfügbar bleibt.« Ohne ihn, der das sagt, wäre es nicht dazu gekommen, daß aus manch kargem Fraß, den man uns gerade noch gewährte, eine Götterspeise wurde.

II.

Aber es wäre beschämend für uns, wollten wir hier stehenbleiben, uns in eine Verheißungs- und Erfüllungswelt hinein - oder gar zurückträumen und den Anspruch dieses Wortes überhören:
»Ihr seid das Salz der Erde.« Vorhin klang es ja fast so, als müßte man hinzufügen, *nur* das Salz. Wie bescheiden sich das anhört, nicht wahr? So bescheiden, daß man den unerhörten Anspruch, der hinter diesem Bild steht, fast übersehen könnte: Denn wovon auch immer man sagt, es entbehre des Salzes, sagt man doch zugleich, es ist

fade, schal. Der Koch oder die Köchin eines Gerichts mag das vielleicht noch verkraften; aber die Erden-, sprich: die Weltenköche, die kleinen und großen Politiker, Unternehmer, alle schließlich, die in irgendeiner Hinsicht damit zu tun haben, diese Erde genießbar zu machen: Familienmütter und -väter, die Umweltschutzminister, die Mitarbeiter der Sozialstation, die Bankdirektoren, Kindergärtnerinnen, Professoren für Molekularbiologie, Heimleiter und Eheberater: Jesus ruft den Christen unter ihnen zu: »Ihr seid das Salz der Erde!« Ohne euch kommt der Erde das Prädikat *ungenießbar* zu. Ohne euch ist die Erde »fade« - ein Wort, das aus dem Lateinischen stammt und vor allem soviel wie »ohne Geist« bedeutet, »albern«. Ihr aber, ihr seid das Salz, das Wenige, das alles verändert. Ohne euch ist die Welt unzumutbar. Hören Sie den Anspruch?

»Wenn nun aber selbst das Salz der Erde nicht mehr salzt, womit soll man dann salzen?« In den älteren Lutherbibeln heißt es noch: »Was aber, wenn das Salz dumm wird?« Und »dumm« hieß ursprünglich »gehaltlos«: Was soll werden aus der Erde, wenn ihr, das Salz, euch verdummen laßt? - Sie wird, über kurz oder lang, nicht mehr belebbar sein.

Wie aber wird das Salz der Erde »dumm«? Genauso, wie richtiges Salz fade wird: vor allem durch Verwässerung. Sie äußert sich in der Tendenz zur Verklumpung. Schon ein feuchtes Klümpchen genügt, um sie in Gang zu bringen. Beim Salz wie bei den Christen. Dann verklebt allmählich alles zu einem dicken Batzen und ist zu nichts mehr nütze. Will man noch etwas damit anfangen, muß man es mit dem Hammer bearbeiten, um etwas davon loszuschlagen - aber dann hat es dennoch schon eine ganze Menge von seiner Würzkraft verloren.

Solche Verklumpung zeichnet sich unter Christen immer dann ab, wenn sie beginnen, sich selbst zu genügen, sich immer wieder nur um sich selbst zu versammeln, ja, die sich selbst so anziehend finden, daß sie sich selbst auf den Leim gehen.

Beispiele: Die Fadheit der DDR-Politik vor allem in den 60er und 70er Jahren hatte die Salzkraft der Christen in besonderer Weise gefordert - manchmal wohl bis zur Ermüdung. Und auf diesem Hintergrund ist es wohl kein Zufall, daß sich besonders in jenen Jahren eine bestimmte Frömmigkeitsrichtung verfestigte, die den Hang zur Verklumpung hatte. Die Frommen begannen damit, sich mehr und mehr nach innen zu kehren, sich an ihrer reinen kristallinen Struktur zu erfreuen, Theorien über ihren Glanz aufzustellen und sich schließlich in den Gedanken zu steigern, daß sie eigentlich viel zu schade dazu seien, in die ganze Welt verstreut zu werden.

Ich denke hier aber auch an die Verklumpung so mancher Gemeindekreise. Das gibt es natürlich auch auf kirchenpolitischer Ebene. Es ist erst ein paar Wochen her, daß die Strukturen unserer im großen und ganzen recht würzigen ostdeutschen Kirche in einen großen Batzen eingingen. Nun liegt so ein halbsalzener Klumpen in unserem Land herum und läßt sich kaum noch zum Würzen einer schlichten Suppe verwenden. - Da ist mir eine Prise roten Pfeffers schon lieber.

III.

Was können wir tun - um uns gegen »Verdummung« und »Verklumpung« zu schützen? Vielleicht, daß wir uns dem *alsbaldigen Verbrauch* aussetzen, indem wir uns nicht in einer Ritze zwischen den Fingern der ausstreuenden Hand Gottes verstecken, sondern uns fallen lassen in die Suppen und Eintöpfe dieser Welt, dieses Landes und dieser Stadt. Das kann heiß werden. Das kann dazu führen, daß uns andere die Zähne zeigen - was denn sonst!

Jesus ist der Auffassung, daß wir an den Ort des Geschehens gehören, dorthin nämlich, wo - um es in den Worten Jesu zu sagen - am Reich Gottes gearbeitet wird. Das wird für jeden ein anderer Ort sein, auf jeden Fall aber einer (und hier komme ich noch einmal auf das Salz zurück), an dem er nicht aufgrund seiner Knirschfähigkeit oder seines Glanzes oder seiner Verklumpungsfreudigkeit gefragt ist, sondern aufgrund seiner Bereitschaft, sich dranzugeben.

Ihr seid das Salz der Erde. So ernst Jesus diesen Satz meint, hat er mit solchen Sprüchen niemals Druck ausgeübt. Wer lieber knirschen oder verklumpen oder glänzen will - der wird sicherlich *sein* Ziel erreichen. Nur wundere er sich nicht darüber, wenn er dann irgendwann einmal für »dumm« erklärt wird. Lebende Beispiele dafür gibt es derzeit genügend.

Über dieser Warnung und dem Anspruch Jesu wollen wir aber seinen Zuspruch nicht vergessen. Ihr seid das Salz der Erde. Ihr seid kostbar. In euch liegt eine Würze, ohne die die Erde zu einem einzigen Brechreiz wird. Schenke uns Gott den Mut, den Seligpreisungen Jesu zu vertrauen:

Selig sind die geistlich Armen: Selig seid ihr, die ihr euch nicht überfordern, nicht von den Zeitgeistern herumkriegen laßt. Ihr seid das Ende der Geistlosigkeit - *ihr seid das Salz der Erde.*

Selig sind, die da Leid tragen: Selig seid ihr, die ihr euch Schmerz und Kummer nicht vom Leibe halten könnt. Ihr seid das Ende der Lebensgewinnler - *ihr seid das Salz der Erde.*

Selig sind die Sanftmütigen: Selig seid ihr, die ihr euch nicht zur Gewalt des Herzens oder der Faust verleiten laßt. Ihr seid das Ende der Hartherzigkeit - *ihr seid das Salz der Erde.*

Selig sind, die da hungert und dürstet nach der Gerechtigkeit: Selig seid ihr, die ihr Unterdrückung - auch die eurer Nächsten und Fernen - in keinerlei Form ertragen könnt. Ihr seid das Ende des Unrechts - *ihr seid das Salz der Erde.*

Selig sind die Barmherzigen: Selig seid ihr, die ihr Rücksicht nehmt auf das, was »hinten« oder »unten« ist. Ihr seid das Ende der Erbarmungslosigkeit - *ihr seid das Salz der Erde.*

Selig sind, die reinen Herzens sind: Selig seid ihr, die ihr euch euer Gewissen nicht abkaufen laßt. Ihr seid das Ende der Heuchelei und der Bestechlichkeit - *ihr seid das Salz der Erde.*

Selig sind die Friedfertigen: Selig seid ihr, bei denen kein Haß nisten noch Schadenfreude keimen kann. Ihr seid das Ende der Zänkereien - *ihr seid das Salz der Erde.*

Selig sind, die um der Gerechtigkeit willen verfolgt werden: Selig seid ihr, die ihr euch das Recht des anderen etwas kosten laßt. Ihr seid das Ende der Gleichgültigkeit und der Duckerei. - *Ihr seid das Salz der Erde.* Amen.

Das kann nur in der Bibel stehen!

(Neh 8, 1-10)
16. Sonntag nach Trinitatis (15. September 1991)
Besonderheit: Gemeindetag unter dem Motto:
»Die Freude am Herrn ist unsere Stärke.«

Sie haben auf den Einladungen und Plakaten das Motto dieses Tages gelesen: »Die Freude am Herrn ist unsere Stärke.« - Und nun? Eine Predigt über die Freude? Erklären, was die Freude ist? Wie die »Freude am Herrn« funktioniert? Was für Sorten von Freude es gibt? Vorfreude, Schadenfreude, Osterfreude, Lebensfreude? Oder: Müßte eine Predigt über die Freude (wie keine andere Predigt) Freude erzeugen - besonders froh machen?

Weil ich befürchte, daß ich mich sowohl bei der einen wie bei der anderen Variante allzuleicht übernehmen könnte, laß ich es lieber, über so ein abstraktes Thema wie »Die Freude im allgemeinen und im besonderen« zu predigen. Das würde mich quälen und Sie langweilen. Aber vielleicht halten sich meine Qual und ihre Langeweile in Grenzen, wenn wir konkret werden und das breitbeinig daherkommende Motto dieses Tages zum Anlaß für eine kleine Auseinandersetzung nehmen.

I.

»Die Freude am Herrn ist eure Stärke.« Dieser Spruch - geschrieben in großen weißen Lettern auf einem roten Spruchband, das in unserer Marienkirche quer zwischen die ersten beiden freistehenden Pfeiler im Osten gespannt ist - was sind das für Gedanken, Fragen und Einwände, die er bei uns auslöst?

- »Die Freude am Herrn ist eure Stärke.« Warum ausgerechnet die Freude am *Herrn?* Was mich erfreut, sind vor allem Menschen - bestimmte Menschen wenigstens. Und über die Natur kann man sich freuen, über die Liebe, über seinen Beruf, eine Flasche Wein, die Zuckertüte und ein braves Kind.

- »Die Freude am Herrn ist eure Stärke.« Ich habe andere Stärken als ausgerechnet die Freude am Herrn. Bloß gut, daß ich diese Stärken habe: Daß ich meinen Eltern keine Sechsen liefere, fleißig bin, hilfsbereit, pünktlich.

- »Die Freude am Herrn ist eure Stärke.« Das klingt ja so wie: »Nun seid doch endlich mal glücklich! Wollt ihr euch nicht endlich mal zusammenreißen und euch freuen!« - Wer sagt das eigentlich? Weiß der nicht, daß etwa zehn Prozent der Anwesenden arbeitslos sind, zehn Prozent hoffnungslos überlastet, daß zehn Prozent mit der Sozialhilfe nicht auskommen, daß sich 50 Prozent unter dem Preis verkauft fühlen und sich 20 Prozent dafür abschinden, den Abstieg Ost aufzuhalten und unserem Land etwas vom Aufschwung West zugute kommen zu lassen!?

II.

»Die Freude am Herrn ist eure Stärke.« So etwas kann doch nur in der Bibel stehen! Stimmt. Aber dieser Satz fällt in einem Moment, in dem man ihn nicht erwartet und nicht vermutet: Wir schreiben das Jahr 445 vor Christus. Den Israeliten stehen die Jahrzehnte der Verbannung im Gesicht geschrieben. Aber die Jahre des Exils sind nun vorbei. Sie haben vollauf damit zu tun, die Altlasten zu bewältigen: vor allem, ihre kaputten Städte, vornan Jerusalem, wieder instand zu setzen. Die in damaligen Zeiten überlebenswichtige Stadtmauer lag zertrümmert am Boden, und der Wiederaufbau war aus allen möglichen Gründen wieder und wieder gescheitert. Auch aus lokalpolitischen Gründen. Aber es waren nicht nur die Risse in der Bausubstanz von Jerusalem, die die Freude in Grenzen hielt, sondern es waren auch die schon wieder entstandenen sozialen Klüfte, die Ärger und Zorn bei den Benachteiligten hervorriefen. Viele hatten in der kurzen Zeit seit der Heimkehr aus der Verbannung so viele Schulden gemacht, daß sie sich versklaven lassen mußten. Keine rosigen Zeiten! Da hatten die Jerusalemer nun endlich das ersehnte Ziel erreicht, hatten ihren geliebten, schönen Tempel vor der Nase, und doch mußten sie die Erfahrung machen, daß es in ihrer Stadt nicht vorwärts und nicht rückwärts ging. Auf allen Gebieten: in den Fragen des Zusammenlebens, auf dem Bausektor und so weiter und so fort. - Fast wie in Greifswald. - Oder?

Aber etwas läuft in dieser Geschichte anders als in Greifswald: Unversehens bildet sich - wir würden sagen - eine Initiativgruppe, die das ganze Volk dazu aufruft, sich zu einer Großkundgebung vor den Toren der Stadt zu versammeln. Das kennen wir auch. - Aber jetzt kommt's: Sie rufen nicht nach ihrem Oberbürgermeister, sondern das ermüdete Volk fordert Esra - einen persischen Kommissar für jüdische Religionsangelegenheiten - dazu auf, aus der Bibel vorzulesen und sie zu erläutern. Die Bibel, das waren damals die fünf Bücher Mose, die vom Werden des Volks Israel berichten, von seinen Höhen und Tiefen, von der Befreiung aus der ägyptischen Sklaverei, von der Geschichte der großen Jahresfeste. Sie enthielten die Vorschriften für das gemeinsame Leben, für die Absicherung von sozial Benachteiligten, für die Gestaltung der Gottesdienste, die Zehn Gebote und noch viel mehr.

Die Bekanntgabe dieser Schrift konnte natürlich nicht auf einmal bewältigt werden. Aber man begnügte sich auch nicht damit, etwa nur einmal in der Woche zusammenzukommen - denn man mußte es jetzt wissen, wie es weitergehen soll. Und so wurde vereinbart, daß sich alle Frauen und Männer (und alle, die sich zutrauten, den Erläuterungen Esras zu folgen) jeden Tag, von Sonnenaufgang bis zum Mittag, an gleicher Stelle träfen, um sich nach den Jahren der Verbannung endlich wieder über ihr Woher und Wohin ins Bild setzen zu lassen. Viele hören das alles zum ersten Mal und brechen in Tränen aus - vor Trauer und vor Freude: Vor Trauer darüber, daß ihnen diese Botschaft so lange vorenthalten blieb, und vor Freude, weil ihnen ihr »Gesetz« (so nannten sie ihre Bibel) so viel Mut machte.

Die Israeliten begreifen: Es muß mit tausend Wundern zugegangen sein, daß wir heute als Volk überhaupt noch da sind und in unserer geliebten Stadt Jerusalem leben können. Sie bekommen mit, daß es alles andere als selbstverständlich ist, in einer Stadt zu wohnen, die wieder ganz und gar ihre eigene ist, und nach Gesetzen zu leben, die sie nicht dauernd in Konflikte mit ihrem Glauben bringen, sondern Teil ihres Glaubens sind. Und indem sie sich darüber klarwerden, kommt bei den Israeliten - Freude auf.

III.

Als Esra mitbekommt, was diese Botschaft ausgelöst hat, fügt er seiner Rede hinzu:

»Nun zieht hin und feiert. Eßt vom Feinsten, trinkt süße Getränke - und bringt etwas davon auch zu denen, die sich nichts zubereitet haben. Denn dieser Tag gilt unserem Herrn als heilig. Und ihr braucht nicht bekümmert zu sein, denn - wie ihr seht - die Freude am Herrn ist unsere Stärke« (vgl. Nehemia 8, 10).

Hier wird nun auch deutlich, daß mit der »Freude am Herrn« keine exklusive Freude gemeint ist, die mit dem Leben sonst nichts zu tun hätte. Die Israeliten erleben, daß die »Freude am Herrn« und die Freude am Leben und Lieben, an der Natur und am Feiern oder am Wiederaufbau der Mauer nicht voneinander zu trennen sind. Sie spüren: Das wird uns jetzt weiterbringen, daß wir den roten Faden wiedergefunden haben: Gottes nicht aussetzende Fürsorge. »Wir wurden bedrängt, aber nicht zerdrückt, wir wußten nicht aus noch ein, aber haben den Weg nicht verloren, wir wurden verfolgt, aber nicht im Stich gelassen, zu Boden geworfen, aber nicht zertreten« (vgl. 2. Korinther 4, 8f.). Das verdanken wir nicht uns.

Liebe Gemeinde - kriegen wir diesen Satz auch hin? Gewiß: Wir sind in Greifswald und nicht in Jerusalem, nicht vor den Toren der Stadt, sondern in St. Marien; wir sind auch nicht alle Tage so beisammen, sondern nur einmal in der Woche. Was uns mit den Bürgern der Stadt Jerusalem verbindet, ist die Mühseligkeit des Neuanfangs, eine zerstörte Stadtmauer, ruinierte Häuser, eine gehörige Portion Verdrossenheit u.a.m. - Nun glaube ich aber nicht, daß es uns weiterhelfen würde, in den Kirchen die fünf Bücher Mose zu verlesen. Etwas anderes müßte an diese Stelle treten, etwas, was solche Freude auslösen könnte wie bei den Israeliten: z.B. die Erinnerung daran, wie wir zwar gedemütigt wurden, aber durchgekommen sind, entmutigt wurden, aber wieder Kraft schöpfen konnten - in den 40 Jahren DDR ebenso wie seit dem 3. Oktober 1990. - Sie sollen sich jetzt nicht dazu *überreden* lassen, sich zu freuen, aber versuchen Sie doch einmal, für einen Augenblick Ihre Aufmerksamkeit auf die Dinge zu lenken, die Ihnen zur Freude Anlaß geben.

[Eine Minute Stille]

Ist Ihnen etwas eingefallen? Oder - mußten Sie passen? Wie wir bei den Israeliten gesehen haben, hat Freude viel mit Erinnerung und mit Dankbarkeit zu tun. Anders ausgedrückt: Dauerndes Klagen ist einerseits die Folge des Vergessens und andererseits die Kehrseite der Undankbarkeit. Aufmerksamkeit gegenüber dem, was Ihnen im Laufe Ihres Lebens bis zu dieser Stunde zugute kam, und Ihr persönlicher Kampf gegen das Vergessen - das könnte ein Anfang sein, »Freude am Herrn« im Sinne Esras zu empfinden.

Natürlich - von Erinnerung allein kann niemand leben. Ohne neue Anlässe kommt die Freude schnell abhanden. Freude will gemacht, gestiftet, weitergegeben, aber eben auch gefunden werden, wie damals von den Bürgern zu Jerusalem: Als sie anfingen, ihr Leben in einem größeren Horizont zu sehen, wurden sie so froh, daß sie ein Fest feierten und auch all jene mit Leckerbissen versorgten, die nicht in der Lage waren, sich selbst mit einem Festessen eine Freude zu bereiten. Es darf jedenfalls nicht dazu kommen, daß uns in der gegenwärtigen, in mancher Hinsicht bedrückenden Zeit, die »Freude am Herrn« abhanden kommt. Esra macht deutlich, daß dazu das Wahrnehmen alles dessen gehört, was uns bereichert - solange wir bereit sind, Gott dafür zu danken. Wie wir gesehen haben, braucht so etwas Zeit. Nehmen Sie sich noch die Zeit, sich zu freuen. Oder wollen Sie sich das für später aufheben?

Der Freudentaumel der Israeliten ist ein wunderbares Beispiel dafür, welche Kraft die »Freude am Herrn« freisetzt, wie heilsam sie wirkt. Ohne damit das Thema unseres Gemeindetages umstoßen zu wollen, möchte ich Ihnen nun zum Schluß doch nicht unterschlagen, daß man vom hebräischen Originaltext her den Ausdruck Stärke im Sinne von Schutz zu verstehen hat und treffender sagen müßte: Die Freude am Herrn ist euer Schutz. Sie bewahrt uns davor, abzustumpfen. Sie schützt uns vor allem vor uns selbst, vor unserer Schwarzseherei, vor unseren bösen Gerüchten und davor, schon an dem zu verzweifeln, worüber wir uns nicht freuen können.

Machen wir es nun wie die Jerusalemer Bürger anno 450 vor Christus. Nachdem Esra ausgepredigt hatte, sagte er zu ihnen:

> »Nun zieht hin und feiert. Eßt vom Feinsten, trinkt süße Getränke - und bringt etwas davon auch zu denen, die sich nichts zubereitet haben. Denn dieser Tag gilt unserem Herrn als heilig. Und ihr braucht nicht bekümmert zu sein, denn - wie ihr seht - die Freude am Herrn ist unsere Stärke«. Amen.

Die kanaanäische Frau
oder: Wie sich Verhältnisse ändern
(Mt 15, 22-28)
17. Sonntag nach Trinitatis (22. September 1991)

»Und siehe, ein kanaanäisches Weib kam aus jener Gegend und schrie Jesus nach und sprach: Ach Herr, du Sohn Davids, erbarme dich meiner! Meine Tochter wird von einem bösen Geist übel geplagt. Und er antwortete ihr kein Wort. Da traten zu ihm seine Jünger, baten ihn und sprachen: Laß sie doch von dir, denn sie schreit uns nach. Er antwortete aber und sprach: Ich bin nur gesandt zu den verlorenen Schafen des Hauses Israel. Sie kam aber und fiel vor ihm nieder und sprach: Herr, hilf mir! Aber er antwortete und sprach: Es ist nicht fein, daß man den Kindern ihr Brot nehme und werfe es vor die Hunde. Sie sprach: Ja, Herr; aber doch essen die Hunde von den Brosamen, die von ihrer Herren Tisch fallen. Da antwortete Jesus und sprach zu ihr: O Weib, dein Glaube ist groß. Dir geschehe, wie du willst! Und ihre Tochter ward gesund zu derselben Stunde« (Matthäus 15, 22-28).

Was wir mit einer solchen Geschichte anfangen, hängt davon ab, unter welchem Blickwinkel - unter welcher Überschrift wir sie lesen. In welchem Sinn hören Sie diese Erzählung - zum wiederholten Male vielleicht? Etwa: »Wie der Herr einmal ein kanaanäisches Weib prüfte« oder »Wie der Herr den Jüngern einmal erklärte, was wahrer Glaube ist«?

Aber wieso setzen wir eigentlich immer *den Herrn* als handelndes Subjekt ein, und nicht *die Frau?* Warum nicht: »Wie einmal eine hysterische Frau unserem Herrn zu schaffen machte und beruhigt wurde.« Oder denken wir über diese Geschichte aus der Lage der Jünger heraus nach: »Wie die Jünger ihren Herrn einmal dazu überredeten, einer heidnischen Frau einen Gefallen zu tun, weil ihnen ihr Geschrei sehr peinlich war.«

Ich möchte versuchen, dem hier geschilderten Fall von drei Seiten her auf die Spur zu kommen: aus der Warte der Jünger, aus der Warte der Frau und aus der Warte Jesu. Wollen wir sehen, ob und wo wir in dieser Geschichte unterkommen können. Denn welchen Sinn hat es sonst, über Geschichten zu predigen, wenn nicht den, daß sich diese Geschichte mit unserer verwickeln läßt, dabei in unsere Geschichten eingreift und uns hilft, an ihnen zu arbeiten und sie zu verändern.

1. Die Jünger - oder das lieblose Ruhebedürfnis der Zuschauer

Ja, fangen wir mit dem Leichtesten an: Schauen wir mit den Jüngern zu. Ein Theater ist das wieder! Man kann nicht hinsehen. Vielleicht ist es - Show? Wir versuchen, die

Frau zur Vernunft zu bringen: Aber so geht das doch nicht! Wenn nun alle, die ein Problem hätten, auf der Straße nach unserem Herrn schreien würden - der Lärm wäre nicht vorstellbar. Die Frau schreit weiter. Es ist einfach peinlich. Auch für uns. Denn wir merken: Die Leute schauen gar nicht mehr in erster Linie auf die Frau. Weil sich dort nichts verändert und sie von Jesus alles andere als ein Wunder erwarten, fangen sie an, *uns* in Augenschein zu nehmen. Und ihre Gesichter sprechen uns an: Ihr, ihr gehört doch auch zu diesem Verein, Kirche genannt. Nun, laßt sehen, wie ihr auf diese Schreie reagiert, was sie bei euch auslösen. Laßt sehen, was euch das Leben *eines* Kindes wert ist, wie stark euch das Leid *einer* Mutter in Mitleidenschaft zieht, wie groß euer Aufwand für diese konkrete Not ist im Vergleich zu den Tonnen von Erklärungspapieren, Voten, Deklarationen - und schließlich im Vergleich zum Aufwand für eure Selbsterhaltung. In welchem Maße sticht euch der Schmerz des andern, und in welchem Maße laßt ihr euch durch euren Hang zum Beschwichtigen, zum Dämpfen und Beruhigen bestechen?

Die Jünger antworten:»Stell sie doch endlich zufrieden.« Mach dieser Szene ein Ende. Hauptsache, das Gejammere hört endlich auf. Man räume die Hilfeschreier endlich aus unserem Blickfeld. Die Asylsuchenden zuerst - alles Show! Dann die Bettler - nur zu faul zu arbeiten! Und die Trinker. Und die Linken. Und die Rechten. Und die Demonstranten überhaupt. Ein Lärm ist das im Lande! O Gott, stell sie endlich ruhig!

Ich erschrecke über die Entdeckung, daß mich gewisse Beeinträchtigungen in meinem täglichen Leben mehr beunruhigen können als das Leid derer, die - ohne es zu wollen - mit diesen Beeinträchtigungen zu tun haben. Es ist mir peinlich, daß ich mich unter den zwölf Jüngern wiederfinde, die nicht imstande sind, *einer Frau* in ihrer Not zu helfen und statt dessen veranlassen, sie ruhigzustellen: Ruhigstellung ist eines der am häufigsten verwendeten Ersatzmittel für echte Hilfe: Schreiende Kinder lassen sich durch Videos ruhigstellen, Erwachsene durch Alkohol, Demonstranten durch vage Versprechungen, Völker durch Lügen. Freilich nur eine Zeitlang.

Um so wohltuender, wenn ich höre, wie einer anders reagiert, wenigstens ehrlich ist und sagt: Ich kann wirklich nicht helfen. Und im übrigen: Mich geht es nichts an.

2. Jesus - oder ein Mann erkennt seine Grenzen

Die Wechselrede zwischen der Frau und Jesus erschüttert unser Bild von einem Herrn, der - allezeit zur Liebe aufgelegt - sich allen Menschen verbunden und verpflichtet fühlt und dessen Botschaft die alle Grenzen überschreitende Liebe Gottes ist. Mehr noch: Was ich hier lese, bringt nicht nur mein Jesus-Bild ins Wanken, sondern scheint auch außerhalb der Norm all dessen zu liegen, was das Neue Testament sonst von Jesus sagt. Aber gerade deshalb sollten wir diese Geschichte ernst nehmen: Wenn hier etwas steht, was ich *sonst* an anderen Stellen nicht so finde, kann dies ja auch darauf hinauslaufen, daß ich das Bild, das ich von Jesus habe, erweitern muß - daß ich hier etwas über ihn und über Gott und mich erfahre, was andere Texte mir nicht sagen.

»Ich bin nur zu den verlorenen Schafen Israels gesandt.« Was stört eigentlich an dieser Antwort, mit der sich Jesus vor den Jüngern rechtfertigt? Wir sehen Jesus, der einen langen Weg hinter sich hat, ermüdet ist - und nicht mehr will oder nicht mehr kann. Er verweigert sich der Not einer Frau. Ich bin nicht für alles zuständig. Das fällt nicht in mein Ressort. Ich muß mir genau überlegen, wem ich meine Kräfte zur Verfügung stelle - jedenfalls sind es viele! - und wohinein ich meinen ganzen Elan lege - jedenfalls ist es viel. Da kommt eine daher, und stellt das in Frage, noch dazu eine, die nicht in mein Konzept paßt, weil sie womöglich ganz anders denkt, fühlt, lebt. - Der bedingungslos Gebende, im Prinzip für jeden zur Verfügung Stehende, kommt an die Grenze dieses Prinzips. Jesus, Mensch unter Menschen geblieben, hat Grenzen gekannt, diesseits des Kreuzes. Und die Jünger trauen ihren Ohren nicht, als Jesus die zu seinen Füßen kniende Frau abzuschütteln sucht mit den Worten:»Es gehört sich nicht, den Kindern Brot zu nehmen, um es den Hunden vorzuwerfen.«

Wenn wir uns durch diese Szene jene Heilands-Idylle demontieren lassen, die - übermenschlich - nichts mehr mit Jesus zu tun hat, verliert die Geschichte von der kanaanäischen Frau ihren unmenschlichen Charakter. Denn hier wird nicht die Not einer Frau dazu mißbraucht, wahren Glauben zu demonstrieren. Die Mutter, am Rande der Verzweiflung, wird auch nicht geprüft; Jesus täuscht auch keinen zynischen Beamten vor, genau wissend, daß er nachgeben wird. Sondern allen Beteiligten ist es ernst.

Ein zweites Mal werde ich in diese Geschichte hineingezogen und buchstabiere mit Erleichterung: Jesus - mein Bruder. Auf unerwartete Weise verwickelt er sich hier mit meinen traurigen Geschichten, in denen ich, mir meiner Grenzen bewußt, unliebsam und hart werde, Geschichten, in denen kaum Aussichten bestehen, daß ich über mich hinauswachse. Nur weil Jesus diese Verwicklungen gekannt hat, bin ich bereit, den Text weiterzubuchstabieren, in der Erwartung, auf den Hintergrund seiner persönlichen Wende zu stoßen - die vielleicht auch zu meiner persönlichen Wende werden könnte.

3. Die kanaanäische Frau - oder: Wie sich Verhältnisse ändern

Aber nicht nur Jesus - auch den Menschen, wie er mir hier als Mutter eines Kindes vor Augen gestellt wird, kenne ich so nicht. Wer gibt sich in solchem Maße die Blöße wie diese Mutter? Erst schreit sie hinter einer Gruppe von zwölf Männern her, derart hysterisch, daß es selbst den Jüngern peinlich wird. Als das nichts hilft, kniet sie vor Jesus nieder, behandelt ihn wie eine religiöse Kultfigur und bettelt um Hilfe. Der Höhepunkt ihrer Demütigung scheint erreicht zu sein, als Jesus sie einen Hund schimpft. Und als hätte er damit ein Gespräch eröffnen wollen, wird Jesus mit dieser Beleidigung von der Frau beim Wort genommen. Sie versucht es noch einmal, Jesus für ihr Kind zu gewinnen.

Heute sind viele Menschen hier, vor allem Mütter, die ihrer Kinder wegen geschrien haben wie jene Frau. Mütter, die unter unvorstellbaren Bedingungen mit ihrer Familie aus der Heimat fliehen mußten - meist ohne Mann, denn der war schon oder noch oder für immer im Krieg. Viele Kinder sind bei der Flucht in die vorpommersche Region auf der Strecke geblieben, haben tagelang im Fieber gelegen, mit Schüttelfrost in Scheunen übernachtet, und nicht wenige Kinder - manchmal das einzige - mußten auf halbem Wege begraben werden. Ihre Mütter wissen aus eigener Erfahrung, wie jener Frau zumute war. Und vielleicht ist der Einsatz, den eine Mutter für ihr Kind aufzubringen bereit ist, überhaupt der höchste Fall von Engagement, zu dem ein Mensch in der Lage ist.

Nicht zufällig wird im Buch Jesaja an entscheidender Stelle die Frage aufgeworfen: »Kann etwa eine Mutter ihr Kindlein vergessen, um sich ihm zu entziehen?« An diesem höchst unwahrscheinlichen Fall soll deutlich gemacht werden, wie unmöglich es Gott ist, den Menschen fallenzulassen. - Im übrigen genügt ein Blick in die Greifswalder Kinderklinik, um etwas von der Kraft zu spüren, die eine Mutter für ihr Kind aufbieten kann, um zu erleben, daß ihre Schmerzempfindlichkeit - wenn es um die Gesundheit ihres Kindes geht - zu allen Zeiten dieselbe ist.

Aber dabei würde auch deutlich, daß es nicht einfach das Mütterliche ist, was die Wende in der Geschichte herbeiführt. Was würde eine Mutter tun, der man so kommt, wie die Jünger und Jesus der kanaanäischen Frau kamen? Sie würde - zu Recht - Einspruch erheben gegen den verächtlichen Ton, vielleicht an die Zeitung schreiben und das medizinische Personal anprangern. Sie würde einen Rechtsanwalt aufsuchen, der ihr für die Beleidigungen ein Schmerzensgeld erklagt.

Wie weit sind wir bereit, der Frau zu folgen? Anders gefragt: Wo stehen wir, wenn diese Geschichte etwas darüber aussagt, was es mit dem Glauben auf sich hat. Sind wir noch ganz am Anfang - beim Schreien? Und warum schreien wir? Schreien wir nur, um auf uns aufmerksam zu machen? Denn wird die Energie nicht reichen, um die ersten Schwierigkeiten zu überstehen: das beschwichtigende Gesäusel der Jünger, das Schweigen Gottes? Sind wir bei der Enttäuschung über Gleichgültigkeit und ausbleibende Hilfe oder bei der Enttäuschung über unsere Grenzen stehengeblieben? Oder sind wir schon bei der zweiten Station, dabei, uns in den Weg zu legen, nicht mehr danach fragend, was zumutbar ist und uns nach unserer Auffassung auch zusteht? Und wie schließlich stecken wir es weg, wenn die Regel, daß man das Brot nicht vor die Hunde und die Perlen nicht vor die Säue wirft, auf uns gemünzt wird?

Ich versuche schließlich, mich in die Rolle der kanaanäischen Frau verwickeln zu lassen, und mir wird klar: Auch ich kann an dem Bild, das andere von mir und meinem Volk haben, nichts ändern. Andere mögen mich und mein Volk für hinterwäldlerisch, arbeitsscheu, materialistisch eingestellt, naiv oder in den Forderungen für unverschämt halten. Daran kann ich kaum etwas ändern. Ich kann auch nicht darüber debattieren, ob ich Hilfe zu erwarten habe oder nicht. Hier geht es nur um das Kind, oder: um einen Menschen, um das, wofür ich verantwortlich bin. Und dafür beanspruche ich Gott, führe ihm diesen Fall wieder und wieder als *seinen* Fall vor Augen. Alles

andere ist zweitrangig. Das ist Glaube, dem sich Jesus nicht entziehen kann, eine
Kraft, durch die es Gott mit dem Menschen und der Mensch mit Gott zu tun bekommt
- eine Kraft, die Gott beeinflußt und allen Prognosen zum Trotz für den Menschen
gewinnt. Das nenne ich Evangelium. Als Jesus sieht, wie die Frau, getrieben von der
Verzweiflung und einem Funken Hoffnung, ums Leben kämpft und ihn dafür in
Anspruch nimmt, hat sie ihn gewonnen. - Luther schreibt über die kanaanäische Frau:

> »In diesem Weibe (steckt) ein [...] Glaube, der gegen Gott selber siegt. Es ist
> ein leichtes Ding, wenn wir Gott zutrauen, daß er unseren Bauch ernähren kann
> [...], und auch das ist noch kein starker Glaube, wenn du glaubst, daß dir deine
> Sünden vergeben werden. Sondern das ist der höchste Glaube, wenn Gott selbst
> sich gegen uns legt und wir mit ihm kämpfen sollen, wenn wir dann so stark
> sind, daß wir ihn besiegen.«

Wie nennen wir nun diese Geschichte? »Wie der Glaube einer Frau einmal dazu
geführt hat, daß ein Kind geheilt wurde, Jesus über seine Grenzen hinauswuchs und
die Jünger sich wunderten.« Schenke uns Gott, daß sich diese Geschichte wieder und
wieder ereignet. Amen.

Wenn es heiß wird

(Dan 3, 14-28)
Tag des Erzengels Michael
18. Sonntag nach Trinitatis (29. September 1991)
Besonderheit: Gottesdienst mit eingeschlossener Trauung

I.

Ein heißer Sommer liegt hinter uns; Tage und Wochen, in denen die Temperatur so hoch lag, daß die Meteorologen von einem Jahrhundertsommer sprechen. Die einen, die in der Hitze erst zu Menschen wurden, zog es an den Strand, die anderen, denen die geballte Sonnenenergie eher zu schaffen machte, flohen lieber ins Schattige.

Aber man braucht nicht erst am heißen Strand gelegen zu haben, um zu erleben, wie einem heiß werden kann. So haben wir z.b. die Erfahrung von Hitze in unsere Sprache aufgenommen, um damit alles das zu benennen, was uns in höchstem Maße unangenehm ist, was uns als bedrohlich erscheint und uns das Leben schwer macht. Wir sprechen dann davon, daß uns etwas »zu heiß« wird. Und *wenn* es zu heiß wird, neigen wir dazu, uns eben von dem zurückzuziehen, was uns verbrennen könnte. Wir lassen dann die Finger davon - so, wie Kinder die Finger von der Ofenklappe lassen, wenn sie sich einmal daran verbrannt haben.

Und doch machen wir die Erfahrung, wie schwierig das ist, sich einfach herauszunehmen, sich davonzustehlen oder wenigstens für ausreichend Abkühlung zu sorgen. In der Mehrzahl der Fälle müssen wir die Hitze erst einmal aushalten.

Ich denke an 40 Jahre DDR, in denen man uns manches Mal zum Kochen gebracht und das Leben höllenheiß gemacht hat. Viele von uns haben sich mehrfach die Finger und die Lippen verbrannt. Und die Zeit nach der Wende hat auch nicht gerade für Abkühlung gesorgt. Viele Menschen empfinden das Jahr seit der Vereinigung der beiden deutschen Staaten als unerträglich schwül. Auch mir wird in diesen Tagen wieder und wieder heiß. Das kommt nicht nur von der Sonne.

II.

Diese Erfahrung müssen wir in allen Bereichen des Lebens machen: daß es einem unversehens (oder nach und nach) so heiß wird, daß man weglaufen möchte. Aus dem Land. Aus der Firma. Aus der Schule. Von zu Haus. Aus der Ehe. Daß es einem von der Liebe heiß wird, mag ja noch angehen. Das haben schon Jesus und Paulus als großen Lebensgewinn betrachtet. Aber es wird einem eben auch aus anderen Gründen heiß: weil es Reibungen gibt zwischen mir und einem Menschen, der mein Nächster ist, oder weil mich jemand unter Druck setzt - mich in *Schwulitäten* bringt. Und da haben wir sie schon wieder - die Schwüle.

Vielleicht fragen sich jetzt einige von Ihnen, was das ganze Gerede von der Hitze soll. - Eines will ich keineswegs: Sie, liebes Paar, etwa entmutigen oder Ihnen empfehlen, die ganze Sache etwas »kühler« anzugehen. Ich will Sie auch nicht warnen. Aber ich möchte Sie dazu einladen, über Ihre Erfahrung, daß es einem - im übertragenen Sinn - unerwartet heiß werden kann, einmal auf dem Hintergrund der wohl heißesten Geschichte der Bibel nachzudenken.

Es handelt sich um eine fromme Legende aus dem Buch Daniel - eine der letzten Schriften des Alten Testaments. Im 3. Kapitel wird uns berichtet, daß der größenwahnsinnige, machtgierige König Nebukadnezar, der um 600 v. Chr. das Babylonische Reich regierte, ein riesiges Götzenbild errichten ließ. Er forderte von allen Bewohnern seines Landes, bei Großveranstaltungen auf Kommando vor diesem Bild niederzufallen und es anzubeten. Wer diesem Erlaß nicht nachkomme, werde in den eigens für diese harten Fälle konstruierten Ofen geworfen. Drei Juden leisten passiven Widerstand und antworten im Verhör:

>»Wenn unser Gott, den wir verehren, will, so kann er uns erretten. Aus dem glühenden Ofen und aus deiner Hand, o König, kann er erretten. Und wenn er's nicht will, so sollst du dennoch wissen, daß wir dein Götzenbild weder verehren noch anbeten.«

Daraufhin, so heißt es, wird der Ofen siebenmal heißer gemacht, und die drei Männer werden von einer Leiter aus hineingeworfen.

Nebukadnezar möchte sich nun natürlich durch ein Fenster vom qualvollen Tod der Drei überzeugen - aber da fährt ihm ein Schrecken durch die Glieder. Er fragt seine Diener:

>»Wir haben doch drei Männer gebunden ins Feuer werfen lassen; ich sehe aber vier Männer frei im Feuer umhergehen - und sie sind unversehrt. Und der vierte sieht aus, als wäre er ein Sohn der Götter.«

Eine wunderbare Geschichte. Es ist kein Zufall, daß diese Geschichte heute, am Festtag des Erzengels Michael, in den Lesungen der Kirche erscheint. Es geht wie mit einem Engel zu in dieser Erzählung. Zwar bleibt den drei Männern die Hitze des Ofens nicht erspart, aber sie erleben: Es ist noch einer dabei, einer, dessen Gegenwart den heißen Ofen überstehen hilft.

III.

Im Text ist von einem Mann die Rede, der aussieht wie »ein Sohn der Götter«. Manchmal - in ähnlichen Notsituationen - spricht das Alte Testament auch von einem Boten Gottes bzw. von einem Engel. All diese Ausdrücke bezeichnen ein- und denselben Sachverhalt: Der Glaubende kann sich darauf verlassen, daß Gott zu ihm hält, wenn es heiß wird. Und wie er für die drei Männer im Ofen der vierte war, kann er für zwei der dritte im Bunde sein.

Das heißt aber keineswegs, daß Gott - im Bilde gesprochen - primär die Funktion eines Feuerlöschers hätte. Daß er vor allem für die Notfälle unseres Lebens da wäre und immer nur dann von Belang, wenn es Schwieriges, Ernstes, Heißes zu bewältigen gälte. Daß eine Beziehung tragfähiger wird, strapazierbarer, widerstandsfähiger und eben auch hitzebeständiger, ist auch eine Frage der Kontinuität in der Gemeinschaft mit Gott. Diese Gemeinschaft, zu der in irgendeiner Form auch die Gemeinde gehört, diese Gemeinschaft war es letztlich, die die drei Männer die Feuerprobe bestehen ließ, und diese Gemeinschaft wird Sie, liebes Paar, wenn Sie sie suchen, für die heißen Tage und Zeiten rüsten können. Aber diese Gemeinschaft ist es auch, die Ihnen Ihr Leben in den angenehmeren Tagen und Zeiten bereichern kann und sie Ihnen füllt.

Grundprinzip dieser Gemeinschaft - wenn man das einmal so mechanistisch benennen darf - ist die Liebe. Aber es hat natürlich keinen Sinn, jemanden eine innere Einstellung wie Liebe oder Freude zu befehlen. Wer an einen anderen appelliert: Lieb mich!, erreicht damit womöglich das Gegenteil. Wenn der andere wirklich liebte, brauchte man es ihm nicht zu sagen, wenn man es ihm aber sagen muß, liebt er offensichtlich nicht. Deshalb kommt man - in dieser Angelegenheit - mit ermahnenden Worten nicht weit.

Aber es hat sehr wohl Sinn, an jemanden zu appellieren, seine Gemeinschaft mit dem anderen nicht aufzugeben. Ohne Gemeinschaft kommt einem die Liebe abhanden. Dementsprechend wird ja bei Scheidungsfällen gefordert, das von den Partnern behauptete Ende ihrer Beziehung durch das Ende ihrer Gemeinschaft zu dokumentieren - es sich und der Gesellschaft zu bestätigen. Die Partner werden dazu herausgefordert, zu zeigen, ob und wie sie imstande sind, die Hitze des täglichen Lebens allein durchzustehen, ohne ihre Liebe sozusagen als rettendes Gegenfeuer anzünden zu können.

So gewiß also die Liebe des anderen nicht eingeklagt werden kann, kann jeder an der Gemeinschaft mit ihm/ihr arbeiten und auf diesem Wege das Entscheidende für die Lebendigkeit der gegenseitigen Liebe tun. Auf diesem Hintergrund verstehe ich auch den Spruch, den ich Ihnen beiden mit auf Ihren Weg geben will: Jesus spricht: »Ein neues Gebot gebe ich euch: Ihr sollt euch untereinander so lieben, wie ich euch geliebt habe« (Johannes 13, 34). Das ist kein Liebesbefehl, sondern benennt in erster Linie einen Maßstab, an den Sie sich halten können: Lieben wie Jesus. Und wie hat Jesus geliebt? Indem er um jeden Preis - ja, um den Preis seines eigenen Lebens - die Gemeinschaft mit den Menschen nicht aufgab. *Er hat es sich nicht nehmen lassen, in den Feuerofen dieser Welt zu steigen und unsere Hitze zu ertragen.*

Lieben wie Jesus: Das heißt letztlich auch, daß wir für unseren Partner, der ja bei all den Bindungen, die er im Laufe seines Lebens eingeht - auch und gerade in einer ehelichen Bindung -, ein einzelnes Geschöpf bleibt, daß wir diesem einzelnen Menschen wie jener vierte Mann im Feuerofen zur Seite stehen, ja, *daß wir einander aus dem Feuer holen, daß einer dem anderen in Situationen beisteht, die die Hölle sind.*

Liebes Paar, Sie lassen sich am Tag des Erzengels Michael trauen, dem einzigen Tag im Kirchenjahr evangelischer Christen, an dem wir von den vorgeschlagenen Texten her die Gelegenheit haben, über die Aufgabe, ja, über die Gestalt der Engel nachzudenken. - In einem alten Trauformular wird es als Aufgabe der Eheleute betrachtet, »einander in den Himmel zu bringen«. Ist das nicht *die* Engel-Arbeit schlechthin? Ich wünsche Ihnen und allen, die heute hier mit Ihnen versammelt sind, daß Sie in diesem Sinne einander zum Engel werden. Und damit wünsche ich Ihnen beiden zugleich, daß Sie der Anfang, den Sie heute machen, in eine Gemeinschaft führt, in der Sie all die Feuer und Feuerchen Ihres Lebens durchstehen können, und daß Sie nicht vergessen, daß Sie dabei einen Dritten im Bunde haben. Amen.

Vom Eindruck zur Prägung

(Mt 22, 15-22)

23. Sonntag nach Trinitatis (3. November 1991)

I.

Diejenigen Menschen, Dinge und Ereignisse, die uns in unserem Leben besonders beeindrucken, *hinterlassen* auch einen Eindruck, das heißt unter anderem: Sie können sich tief in unser Gedächtnis einprägen. *Ins Gedächtnis einprägen* - dieser bildhafte Ausdruck setzt voraus, daß unser Gehirn mit einem System von Wachstäfelchen vergleichbar ist, in denen alles das, was ein Mensch erlebt, eine bestimmte Vertiefung hinterläßt. Wachstafeln bilden eine der ältesten Formen der Informationsspeicherung. Das, was Eindruck gemacht hat - es sei angenehm oder schmerzlich gewesen -, hat seine Spuren in uns hinterlassen.

Wenn wir davon sprechen, daß etwas Eindruck auf uns gemacht hat, geht es natürlich nicht nur um Informationen, sondern um viel mehr: Was uns dauerhaft beeindruckt, prägt sich uns nicht nur ins Gedächtnis ein, sondern prägt uns selbst, formt uns, zeichnet uns - ja, es bestimmt uns.

Wenn das stimmt, kann es mir nicht gleichgültig sein, wen oder was mich beeindruckt, wer oder was mich prägt wie die Gravurnadel eine Wachstafel. Wenn ich weiß, daß alles das, was einmal in mir eine Vertiefung gefunden hat, was sich in mir ablagern und sich mir einprägen konnte, meine ganze Person prägt, werde ich mir neu der Verantwortung bewußt, die ich für mich selbst trage. Dabei empfinde ich einerseits eine gewisse Angst vor der Wirkung unheilvoller Menschen und Dinge, deren Einfluß ich mich nicht entziehen kann, die - bevor ich bemerke, welch häßlichen Eindruck sie bei mir schinden - längst schon ihre Gravur in mir hinterlassen haben. Gleichzeitig sehe ich aber eine Chance darin, mitbestimmen zu können darüber, was mich prägen soll, mich gestaltet und zu dem macht, was ich bin.

Ein letzter Gedanke zu dieser Prozedur, in der wir uns Menschen und Dingen aussetzen, Eindrücke empfangen und schließlich von ihnen geprägt werden: Es ist wohl nicht übertrieben zu sagen, daß wir von dem, was uns graviert, in bestimmter Hinsicht auch beherrscht und eingenommen sind. In dem Maße, wie Menschen, Dinge oder Ereignisse unser Fühlen, Denken, Wollen und Handeln bestimmen, unterliegen wir ihrer Macht, frönen ihnen - ob wir wollen oder nicht:

Und so frönen kleine Kinder den Sendezeiten für Heman, Batman und Superman, werden von ihnen beeindruckt, geprägt und im Denken, Fühlen, Wollen und Handeln bestimmt. Jugendliche frönen ihren Stars und Kultführern und empfangen deren Kassetten und Singles und Compact-Discs wie ein Sakrament. Erwachsene werden z.B. durch die Medien geprägt, durch ihre Beschäftigung oder Nicht-Beschäftigung, wahrscheinlich auch durch das Geld, durch das Bombardement der Hinweise auf Billig- und Billigstangebote, durch den Moloch eines fordernden Berufs.

II.

Die Frage danach, wer oder was uns prägt, ist also letztlich identisch mit der Frage, wem wir uns widmen - wem wir gehören. Und wie eine Skulptur oder ein Bild durch bestimmte Merkmale, durch die besondere Note des Künstlers, Auskunft darüber gibt, wer der Bildhauer oder der Maler war, oder wie wir durch unseren Stempel, mit Siegel und Unterschrift, etwas als unser Eigentum bestimmen, so gilt auch vom ganzen Menschen, daß das, was ihn in besonderer Weise zeichnet, zugleich das ist, was ihn beherrscht.

Auf diesem Hintergrund werden wir durch den heutigen Predigttext vor eine sehr wichtige Frage gestellt.

»Da gingen die Pharisäer hin und hielten einen Rat, wie sie ihn fingen in seiner Rede, und sandten zu ihm ihre Jünger samt des Herodes Leuten. Die sprachen: Meister, wir wissen, daß du wahrhaftig bist und lehrst den Weg Gottes recht und fragst nach niemand; denn du achtest nicht das Ansehen der Menschen. Darum sage uns, was meinst du: Ist's recht, daß man dem Kaiser Steuern zahle, oder nicht? Da nun Jesus merkte ihre Bosheit, sprach er: Ihr Heuchler, was versucht ihr mich? Weiset mir die Steuermünze! Und sie reichten ihm einen Denar. Und er sprach zu ihnen: Wes ist das Bild und die Aufschrift? Sie sprachen zu ihm: Des Kaisers. Da sprach er zu ihnen: So gebet dem Kaiser, was des Kaisers ist, und Gott, was Gottes ist! Da sie das hörten, verwunderten sie sich und ließen ihn und gingen davon« (Matthäus 22, 15-22).

Jesus macht seine Gegner in frappierender Deutlichkeit darauf aufmerksam, daß sie - die Gottesgelehrten - nichts davon begriffen haben, was Gott eigentlich von ihnen will. Mit der Frage: »Ist es erlaubt, dem Kaiser Steuern zu zahlen oder nicht?«, setzen die Pharisäer voraus, daß ein bestimmter Geldbetrag, eine Steuer, in Konkurrenz zu dem treten könnte, was der Mensch Gott schuldet. Die Fragesteller ahnen nicht, was sie Gott schulden, wenn sie meinen, ein Denar - dafür könnte man sich heute vier Brötchen kaufen - sei ein Teil davon.

Um nun zu sehen, worin nach Jesu Auffassung das Problem der Menschen liegt, wenn er sagt: »*Gebt* doch dem Kaiser, was des Kaisers ist - aber gebt auch Gott, was Gott gehört«, müssen wir uns die Sache mit der Steuermünze genauer betrachten: Obwohl kein Mensch freiwillig diese Steuer zahlte, obwohl sie die meisten auch für unrecht betrachteten, hatten sich doch fast alle irgendwie mit dieser Steuer abgefunden - d.h. alle, die zu einem der unterworfenen Völker des Römischen Reichs gehörten. (Römische Bürger zahlten diesen Beitrag nicht!) Er war eine Pro-Kopf-Steuer,

die direkt in die kaiserliche Kasse floß. Dieser Denar war so etwas wie ein auf-
gezwungener, persönlicher Solidarbeitrag zur Erfüllung der kaiserlichen Gottheits-
Phantasien.

Eigentlich eine Zumutung, das zu bezahlen. Aber alle machen mit - und treten an
Jesus mit der grenzenlos heuchlerischen Frage heran: Darf man das eigentlich? Wo
doch Gott allein die Ehre zukommt! Darf man denn diesen Kult finanziell unterstützen, wo doch der Kaiser auch nur ein Mensch ist?

Und Jesus - in einer unglaublich kühnen Antwort: *Eben drum!* Eben weil er ein
Mensch ist, könnt ihr ihm getrost euer ganzes Geld nachwerfen, könnt ihm euer Erbe
vermachen, könnt ihm Spenden überweisen, bis ihr pleite seid. *Das* ist aber nicht euer
Problem, daß der Kaiser eventuell *zu viel* bekommen könnte. Solange er euer Geld
bekommt - wird er niemals zu viel bekommen oder in seinen Ansprüchen ernsthaft mit
Gott konkurrieren können. *Euer wirkliches Problem ist, daß Gott zu wenig bekommt,*
viel schlimmer noch: daß ihr glaubt, daß das, was ihr Gott schuldet, auf der gleichen
Ebene liegt wie diese lumpigen 80 Pfennige. Euer Glaube ist in Wahrheit eine einzige
Pfennigfuchserei. Ihr behandelt Gott wie einen Kaiser - aber doch nicht euren Kaiser
wie Gott! Ihr zahlt leise murrend eure Steuern - in der Hoffnung, daß ihr so eure Ruhe
habt und der Kaiser euch im Ernstfall schützt. Und ohne euch klarzumachen, wen ihr
meint, wenn ihr von Gott sprecht, übertragt ihr dieses Handeln auf eure Beziehung zu
ihm! Ihr rechnet Gott auf, was ihr geleistet habt für ihn, ihr rechnet ab, was ihr zu
bekommen habt von ihm, und bleibt Gott dabei alles schuldig - nämlich euch selbst.

Ihr haltet euch für quitt mit Kirchensteuern und Kirchgeldbeitrag, mit Gottesdienst-
besuchen und entfaltetem christlichem Bildungsbürgertum - als ob Gott jeden
Augenblick wie ein kaiserlicher Visitator die Befolgung der Kultvorschriften überprüfen wollte. - Aber was normalerweise passiert, wenn Menschen von jemandem
oder von etwas beeindruckt werden, wenn sie etwas oder jemanden verehren - dazu
kommt es bei euch nicht, nämlich daß ihr *dem* mehr und mehr ähnlich würdet, mit dem
ihr bevorzugten Umgang habt, daß an euch eine Prägung erkennbar würde, an der
andere Gott wiedererkennen.

III.

Liebe Gemeinde, einige Verhaltensforscher glauben etwas herausgefunden zu haben,
was Sie einmal - punktuell - überprüfen können. Wenn man über Jahrzehnte seine
ganze Aufmerksamkeit und Liebe in einen bestimmten Menschen oder in ein anderes
liebenswertes Geschöpf Gottes investiert (in eine Katze, in Affen, in Pferde oder in
eine bestimmte Hunderasse), kann es zu einer sichtbaren Ähnlichkeit kommen. Als
ich einmal als Vikar in Leipzig zu einer eisernen Hochzeit geladen war, konnte ich die
Ähnlichkeit der Eheleute kaum fassen. Die sahen wie Zwillinge aus. Oder ich denke
an die Fernsehübertragung einer Zirkusvorstellung mit einer »Schimpansen-Num-
mer«: Die Domteuse hatte sich von Kind auf mit diesen Tieren befaßt, mit ihnen

gelebt, sich mit ihnen unterhalten, so intensiv, daß ihre Physiognomie etwas von dieser *Zusammengehörigkeit* widerspiegelte.

Aber kommen wir noch einmal auf den Kaiser zu sprechen. Lediglich eine leblose Steuermünze hatte er sich ähnlich machen können. Lediglich ihr hatte er sein Gesicht zu geben vermocht, um sie damit als sein Eigentum zu kennzeichnen. - Wenn es nun im 1. Buch Mose heißt, daß in den Menschen das Bild Gottes eingeprägt sei, dann heißt das nicht weniger, als daß der ganze Mensch als zu Gott gehörig erklärt wird.

Ich sehe darin keinen Appell zu größerer Unterwürfigkeit - damit würden wir ja schon wieder das Gebaren der Untertanen gegenüber ihrem Kaiser kopieren. Sondern ich höre aus der Antwort Jesu vor allem die Frage heraus: Willst du dich nicht darauf einlassen, dich von Gott prägen zu lassen? Geprägt wirst du so oder so - so wahr du lebst und solange du unaufhörlich den Eindrücken, den Impressionen der dich umgebenden Welt ausgesetzt bist. Es fragt sich nur - *was* dich prägt. Jesus rät uns, unsere Lebensprägung Gott anzuvertrauen. Er möchte nicht, daß man am Ende alles das an uns ablesen kann, was uns fertig gemacht, aus der Form gebracht, entstellt - oder sagen wir ruhig: geprägt hat. Wie sähen wir dann aus? Rund wie - eine D-Mark? Eckig wie der Fernsehbildschirm? Show-gestreßt wie Karl Dall? Rund wie ein Fußball? Weltfremd wie ein Schrebergartenzwerg?

Aber wie werden wir von Gott geprägt - so, daß in unserem Leben und zu unseren Gunsten etwas aufscheinen könnte von unserer Ähnlichkeit mit ihm? Ich glaube, daß das, was die Verhaltensforscher herausgefunden haben - Ähnlichkeit als Folge des aufmerksamen Umgangs mit jemandem -, auch für unsere Beziehung zu Gott gilt. Es gibt dafür den Fachausdruck »Kontemplation«. Damit ist gemeint, daß ein Mensch, indem er sich z.B. ins Gebet vertieft, indem er über einer Stelle aus der Heiligen Schrift meditiert, indem er versucht, Stille auszuhalten und seine Aufmerksamkeit auf Gott zu lenken, prägbar wird.

Solche Prägung vollzieht sich aber nicht nur in der Abgeschiedenheit: Auch das Engagement für Benachteiligte, Leidende, an die Wand Gedrückte, ist eine der Formen, seine Aufmerksamkeit auf Gott zu lenken und es zuzulassen, von ihm geprägt zu werden. - Es ist kein Zufall, daß der am Kreuz Hingerichtete zu *dem* Erkennungsbild Gottes schlechthin wurde. Den Gekreuzigten meditieren und sehen, woran man mit Gott ist, sind eins.

Vom Kirchenjahr her gesehen feiern wir heute den »Sonntag der Kirche«. Die Texte, die an diesem Sonntag gepredigt werden, nehmen unter verschiedenen Gesichtspunkten die Frage auf, was die Kirche ist und welche Aufgaben sie hat. Nach dem heutigen Text sollte man der Kirche wünschen - und wer repräsentiert die Kirche, wenn nicht wir? -, daß sie etwas mehr von einer »Prägeanstalt« hat, daß sie zu einem Ort wird, an dem Menschen *von Gott beeindruckt,* geprägt werden und dabei alles das loswerden, was bei ihnen Eindruck *geschunden* hat. Amen.

Rendezvous mit Gott

(Mt 25, 31- 46)

Vorletzter Sonntag des Kirchenjahres (17. November 1991)

Wir befinden uns fast am Ende des Kirchenjahres - und da sind sie wieder: die Lesungen und Predigttexte, die vom Ende der Welt reden, vom Gericht, vom Wiederkommen des Sohnes Gottes am Jüngsten Tag. Themen, bei denen mancher von uns innerlich tief Luft holt - aus dem Gefühl heraus, daß man - wenn man über solche Themen nachdenkt - mehr von dieser Luft braucht als sonst. Der Gedanke an ein »jüngstes«, das heißt letztgültiges Gericht (dem kein weiteres mehr folgt) hat etwas Beunruhigendes - zumindest, wenn man es ernst nimmt, daß wir von diesem Gericht betroffen sein werden.

Mich beunruhigen die bei diesem »Gerichtstermin« nicht gestellten Fragen: Ich fürchte, ich werde mir vorkommen wie bei einem Examen, für das ich enorm viel gelernt habe, dem ich mit sicherem Gefühl entgegensehe, vor dem ich keine Angst habe - in dem ich glänzen könnte. Aber es kommt alles anders. Ich komme ins Schwitzen, ins Stottern, ich werde nervös und verhasple mich, weil ich nichts von alldem loswerden kann. Die Fragen passen nicht zu meinem Wissen. Nicht erfragte Antworten legen sich mir wieder und wieder auf die Zunge - aber ich werde unterbrochen. Der Prüfer läßt sich nicht ablenken. Ein Alptraum.

I.

Sie haben es gehört: In dem als Evangelium verlesenen Predigttext geht es immerhin um Fragen, von deren Beantwortung Gottes Ja oder Nein zu uns abhängt. Um Fragen von größtem Gewicht. Und beunruhigt Sie es nicht, daß nicht nach Ihrer religiösen Überzeugung, nicht nach Ihrer Kirchenzugehörigkeit, nicht nach Ihrer Taufe, nicht nach Ihrem Kirchgang, nicht nach Ihren Spenden, nicht nach ihrem Wohlgesonnensein gegenüber der Kirche, nicht nach Ihrem politischen Engagement gefragt wird?

Das einzige, wonach gefragt wird - oder genauer: was ungefragt anerkannt wird, sind die sogenannten »Werke der Liebe«. Nichts sonst zählt. Keine Diskussionen über Bedingungen, unter denen es einem erlassen würde, sich um Hungernde, Fremde, Einsame, Kranke usw. zu kümmern. Überbeschäftigung, Ortsabwesenheit, neue Ämter oder Urlaub gelten nicht als Argumente für eine Befreiung von dem Maßstab, nach dem Gott sein Ja oder Nein über uns bildet - von dem Grundsatz, daß unsere Liebe Folgen hat.

So gelesen stellt mich der Text vor Fragen, die auf den ersten Blick keine sehr angenehmen sind. Wieviel von dem, was ich an den sieben Tagen einer Woche tue, fällt unter die Dinge, die Jesus hier benennt?

Wenn er recht hat, dann können wir froh sein, wenn auf einen Tag, an dem wir eine halbe Stunde in der Bibel gelesen, 200 DM für die Kirche gespendet und etwas Positives über Jesus Christus gesagt haben, nicht der Jüngste Tag folgt. Wenn die Kriterien Jesu für Gottes Ja und Nein uns gegenüber nicht frei erfunden sind, müßte es uns Unruhe bereiten, wenn wir Tag für Tag Lob ernten für selbstloses Engagement im Beruf, für treffende Worte, für perfekte Arbeit - ohne daß einer der sogenannten Geringen mitbekommen hat, daß es uns gibt.

II.

Vielleicht findet jetzt mancher, daß ich das zu »verbissen« sehe. Schließlich leben wir ja im Zeitalter der Arbeitsteilung. Wie soll einer, der sich ganztägig für seinen Beruf verzehrt, ein Vorbild werden ausgerechnet in der tätigen Liebe? Tätig sind wir ja schließlich alle irgendwie. Können wir, müssen wir uns nicht vertreten lassen - was die Fürsorge für die Hungernden betrifft, die Ausländer, die Einsamen, die Kranken? Gibt es dafür nicht die Diakonie, die Sozialstationen, Krankenschwestern ...?

Nein, wir können uns nicht vertreten lassen, wenn unser Wohl und Wehe schließlich davon abhängig gemacht wird, ob wir unsere Jesus-Rendezvous wahrgenommen haben. Jesus sagt in der Bildrede vom Jüngsten Gericht: Der Hungernde - das war ich. Der Kranke - das war ich. Der Ausländer - das war ich. Der Einsame - das war ich. Und wo warst du?

Natürlich: Eines muß - gerade in kirchlichen Kreisen - zum Bereich der »Werke der Liebe« gesagt werden: Häufig versteht man darunter in erster Linie so etwas wie praktische Hilfsbereitschaft. Vor dem Hintergrund des griechischen Ausdrucks »Agape« ist bei der tätigen Liebe aber an alle möglichen Formen menschlichen Füreinander-Daseins gedacht: z.B. auch an die Bereitschaft zur Vergebung, an das gemeinsame Tragen von Lasten usw. Mit anderen Worten: Der Einsame sitzt nicht immer allein in einer großen Wohnung, sondern manchmal auch unter Kollegen im Büro. Sie haben davon nichts gemerkt? Der Kranke liegt nicht immer im Bett, sondern läuft mitten unter uns herum - darauf wartend, daß irgendeiner bemerkt, daß es ihm schlecht geht, daß er nicht mehr so kann und mit seiner Krankheit nicht allein fertig wird. Sie kennen keinen solchen Menschen?

Jesus wird hier als unnachgiebiger Weltenrichter gezeigt. Seine Hauptanklage: *Wie oft habe ich mich mit euch verabredet - aber ihr seid nicht erschienen.* Ein Vorwurf, von dem ich mich selbst zutiefst getroffen fühle und gegen den ich am liebsten aufbegehren möchte - z.B. mit der Ausrede: Ich war doch auf einer Baustelle ... Jesus läßt das nicht gelten.

Aber sehen Sie: so ärgerlich das erst einmal ist, mit seinen Werken nicht anzukommen, nicht nach den Stunden auf der Baustelle, nicht nach dem Einsatz für eine gute Sache, nicht nach seinem Fleiß befragt zu werden: Mal ehrlich - wäre es Ihnen lieber, Jesus würde uns mit Enthüllungen entgegentreten wie: Die Baustelle - das war ich?

Deine Partei - das war ich? Dein Beruf - das war ich? Deine Musik - das war ich? Wir können uns *deshalb* nicht darin vertreten lassen, konkret füreinander da zu sein, *weil er uns dabei begegnen will.* Wenn wir die Schwestern von der Sozialstation oder einen Seelsorger oder sonst wen schicken, ist vielleicht einige Not gelindert - aber wir sind *ihm* nicht begegnet.

III.

Und hier schimmert das Evangelium hervor: Beim ersten Lesen des heutigen Predigttextes kann man ja den Eindruck gewinnen, Jesus proklamiere am Ende seines Wirkens schließlich eine Werkgerechtigkeit - als hätten gute Taten sozusagen automatisch das Wohlwollen Gottes zur Folge. Demgegenüber zeigt der Text eindrücklich den gewaltigen Unterschied zwischen Werken und Früchten. Hätte Jesus sagen wollen: Je überzeugender die Werke der tätigen Liebe, um so sicherer der Himmel - dann hätte er uns also an unsere Pflichten als Christen erinnern wollen, die erfüllt sein müßten, sollten wir bei Gott eine Chance haben. Aber dann hätte er ein entscheidendes Element aus jenem Bild vom Jüngsten Gericht entfernt: Er hätte nichts von der *Überraschung* erwähnt, mit der die Schafe wie die Böcke auf seine Aussonderungskriterien reagieren: Beide Gruppen eröffnen ihre Antwort mit der erstaunten Frage: »Herr, wann haben wir ...?«, bzw. »Herr, wann haben wir nicht ...?« - Fragt man so, wenn man einen Appell befolgt und einer Pflicht mit bestem Wissen und Gewissen nachgekommen ist?

Jesus charakterisiert die Schafe damit als Menschen, die ihre Gottes-Rendezvous nicht deshalb eingehalten haben, weil sie in ängstlichem Pflichtbewußtsein ständig nach Einsamen, Kranken und Ausländern Ausschau gehalten hätten. Sondern ihre Fürsorge für die Geringen ist die *Folge* davon, daß sie ihre ganze Existenz auf Gott gegründet haben. Es sind Menschen, die Gott nicht missen möchten, nachdem sie - vielleicht selbst einsam und krank oder Ausländer - von ihm aufgesucht wurden.

Und umgekehrt ist es nicht die Summe böser Taten, die Jesus dazu bewegt, Menschen zu den Böcken zu rechnen. Das einzige, was ihnen vorgehalten wird, ist: »Ihr habt nicht ... .« Diese Perspektive sind wir nicht gewohnt. »Unterlassene Hilfeleistung« hat in der langen Skala der Vergehen und Verbrechen, für die Menschen zur Verantwortung gezogen werden, eine eher untergeordnete Bedeutung. Die Briten nennen ihre Krimis *Who-done-its,* Wer hat's-getan-Geschichten. Nach Jesus jedoch sind alle die kriminell, die etwas *nicht* getan haben: Die sich der Erfahrung verschlossen haben, Gott in denen zu begegnen, die uns mit ganz elementaren Bedürfnissen gegenübertreten und - uns bereichernd - unsere Aufmerksamkeit auf sich ziehen.

Was wird aus den Schafen, was aus den Böcken? Anders gefragt: Welche Folgen hat das Gericht, von dem hier die Rede ist?

Wäre unsere Marienkirche noch hundert Jahre älter, würde sie uns auf diese Frage mit Sicherheit eine sehr deutliche, bildhafte Antwort geben. In den alten Kirchen hat die Darstellung des Weltgerichts eine sehr große Rolle gespielt. In der Regel »traten die Gläubigen unter dem plastischen Bild des als Weltenrichter thronenden Christus hindurch in das Innere der Kirche; das Bild des Gerichts mit den Seligen und Verdammten, mit dem Tor des himmlischen Jerusalem und mit dem aufgesperrten Höllenrachen füllte das Gewölbe über dem Altar und stand der hörenden und betenden Gemeinde immer vor Augen« (Wilhelm Stählin, Predigthilfen I, Kassel ²1961, 153).

Wenngleich solche Bilder in dieser Kirche fehlen, haben wir sicher genügend - manchmal vielleicht schon zu viele - Bilder vor Augen, die ihrerseits die Folgen verfehlter Gottes-Rendezvous dokumentieren. Ich brauche nur die Zeitung aufzuschlagen oder die Tagesschau zu verfolgen, um den Eindruck zu gewinnen, das Gericht habe schon begonnen - und daß das eigentliche Gericht anscheinend darin besteht, Gott nicht zu begegnen.

Umgekehrt ist wohl der eigentliche Gewinn der Schafe in den Rendezvous mit ihrem Guten Hirten zu sehen, durch die sie überleben. Gebe Gott, daß wir sie einhalten. Amen.

Ende des Mythos von der letzten Gelegenheit
(Mt 25, 1-13)
Ewigkeitssonntag (24. November 1991)

I.

Für viele Dinge im Leben gibt es eine letzte Gelegenheit. Aber es ist oft peinlich, allzu peinlich, letzte Gelegenheiten wahrzunehmen. Wir werden es bald wieder erleben: Weihnachten naht. Und am 23., nein, noch am 24. Dezember, vormittags, stehen die Männer vor den Parfümerien Schlange - wodurch auch immer in die Verlegenheit geraten, im letzten Augenblick schnell noch das fehlende Geschenk zu kaufen. Die Frauen desgleichen: Sie drücken sich eher in den Ledergeschäften herum und suchen nach Brieftaschen und Portemonnaies.

Wer schon einmal in solcher Lage war, auf den letzten Drücker das nötige Geschenk zu kaufen, ohne das der ganze Weihnachts- oder Geburtstagsfriede gefährdet erscheint, der wird sich auch noch daran erinnern, daß man oder frau sich nicht so gern dabei ertappen läßt. Denn die Wahrnehmung der *letzten Möglichkeit* hat etwas Anrüchiges: Sie verrät zumindest eine Spur Fantasielosigkeit und Gedankenlosigkeit. Vielleicht wird sie sogar als Zeichen mangelnder Liebe gelesen. Deshalb ist es schon etwas unangenehm, wenn man bei solchen Erledigungen auf Bekannte trifft - es sei denn, daß die mit dem gleichen Ziel unterwegs sind. Dagegen ist es schon etwas weniger fatal, wenn man sich zum letztmöglichen Termin um seine Kfz-Steuermarken bemüht. Wer sich am 30. April mit anderen 150 Kraftfahrzeuginhabern vor einem Schalter der Bundespost anstellt, riskiert lediglich, als nachlässig, vielleicht als zerstreut und nicht ganz zuverlässig betrachtet zu werden. Aber in der Solidargemeinschaft einer Gruppe von weiteren 149 Unordentlichen ist dieser Makel schon verkraftbar.

II.

Der heutige Predigttext spricht von etwas, wofür es *keine* letzte Gelegenheit gibt, von einem Termin im ursprünglichen Wortsinn, von einem markierten Ziel nämlich, das ich nur wahrnehmen kann, wenn ich umsichtig, aufmerksam, interessiert und engagiert genug zu ihm unterwegs bin. Damit aber ist der Termin, von dem heute im Evangelium die Rede ist - so paradox das klingen mag - nicht *so* wahrzunehmen, daß ich im letzten Moment noch das Nötige arrangiere. Grammatikalisch formuliert: Es geht weniger um eine Umstandsbestimmung der Zeit denn um eine Umstandsbestimmung der Art und Weise. *Seinen Termin wahrnehmen zu können,* hängt nach dem Gleichnis von den *Zehn Mädchen* nicht davon ab, zu wissen, *wann* das Ereignis stattfindet, sondern zu wissen, wie ich mich auf dieses Ereignis vorbereite. - Was für ein Ereignis? Auf das »Himmelreich«.

»Man kann das Himmelreich auch mit zehn Mädchen vergleichen, die mit ihren Lampen in der Hand auszogen, den Bräutigam einzuholen.« Ein für damalige Zeiten selbstverständlicher Vorgang. Zur Zeit Jesu begann eine Hochzeit damit, daß der Mann dem Brautvater ein Heiratsgeld zahlte. Die Höhe des Brautpreises wurde in der Regel unter vier Augen zwischen dem Brautvater und dem Bräutigam ausgehandelt. Stand dem entschlossenen Ehemann kein oder nur wenig Geld zur Verfügung, wurden bestimmte Dienstleistungen im Hause des Schwiegervaters vereinbart. Und deshalb konnte eine solche Verhandlung sehr lange dauern, stundenlang, tagelang. Die Freundinnen der Braut, auch Brautjungfern genannt, hatten die Aufgabe, vor dem Haus zu warten, bis der Handel perfekt war, um anschließend den Bräutigam gebührend zu empfangen und ihn mit einem Lichterzug ins Hochzeitshaus zu begleiten. Das ist der kulturelle Hintergrund dieses Gleichnisses. Andere Länder, andere Sitten.

Aber *ein* Himmelreich, ein einziges Warten auf dieses Reich, länderübergreifende Müdigkeit, Schlaf der über die ganze Erde verbreiteten Christenheit. Interessanterweise hat Jesus aber nicht die Müdigkeit als das Problem für die Wahrnehmung seines Termins erklärt. Nach allem, was er mit seinen Jüngern erlebt hatte, war er in diesem Punkt zu realistisch, so realistisch, daß er im Gleichnis auch die klugen Jungfrauen schlafen läßt, heißt es doch ausdrücklich:»Als sich das Kommen des Bräutigams hinzog, wurden sie *alle* schläfrig und schliefen ein.«

Daß es einen Unterschied gibt zwischen den Schlafenden, zeigt sich erst im Moment des Erwachens. Für die einen wird es zum »bösen Erwachen«. Ihr Öl ist zur Neige gegangen. Sie liegen im Dunkeln. Um Ölquellen haben sie sich nicht gekümmert. Einmal getankt - so glaubten sie -, das reicht für uns. Vielleicht hatten sie ihre Lampen gefüllt geschenkt bekommen bzw. gefüllt gekauft, und hatten keine Ahnung, wie eine Lampe überhaupt funktioniert, daß eine lebende Flamme ständig Nachschub braucht, in diesem Fall: Öl.

Was hat es mit diesem Öl auf sich? Die ablehnende Haltung der fünf klugen Mädchen spielt bei der Deutung dieses Öls eine ganz wichtige Rolle: Indem den fünf im Dunkel tappenden Frauen ein Nachschlag aus den Kannen der anderen fünf verwehrt wird, ist klar: Wem es an solchem Öl mangelt, der kann das fehlende nicht einfach im letzten Augenblick noch schnell kaufen. Es kann überhaupt nicht schnell mal eben »beschafft« werden, sondern ist nur dann verfügbar, wenn es die Betreffenden schon auf ihrem Weg begleitet, vielleicht sogar belastet, behindert hat. Wofür steht dann aber das Öl?

III.

Es geht auf alle Fälle um etwas, worin ich mich nicht auf andere verlassen kann. Um etwas, was ich mir nicht mitbringen lassen kann wie Parfüm oder eine Brieftasche oder einen Sack Kartoffeln. Dann aber steht das Öl für etwas, was untrennbar mit meiner Person verbunden ist: Nennen wir es zunächst einmal die Summe all der Erfahrungen, die wir - und zwar jeder für sich - unterwegs gemacht haben, Erfahrungen, die allesamt eine Beziehung zu jenem »Termin« haben, die uns das Warten auf den Bräutigam bald verkürzt, bald erschwert haben. Erfahrungen, die - zusammengezählt - unseren Glauben erzählen: Nämlich davon, weshalb ich überhaupt noch warte (nach einem Jahr wie diesem?!), weshalb ich mich überhaupt an dieser Hochzeitsvorbereitung beteilige (zuviel Elite dabei, zu wenig von den Geringen scheinen von einer Einladung zu wissen!); davon, wie ich die Kühle der Nacht überstanden habe, davon, woher ich die Gewißheit nehme, daß diese Nacht ein Ende haben wird. - Unser Öl. »Die Törichten hatten wohl ihre Lampen, nicht aber Öl mitgenommen.«

Wie würden wir diesen Satz formulieren, um nun aus dem Bild herauszukommen? Eine Variante könnte lauten: „Die Törichten hatten wohl die Taufe mitgenommen, nicht aber den Glauben." Seit einiger Zeit kommen nicht selten Leute ins Büro von St. Marien, um sich einen Tauftermin geben zu lassen - so, wie man in vergangenen Zeiten einen Termin bekam, um eine bestimmte Dienstleistung in Anspruch nehmen zu dürfen. Gleichzeitig zeigen diese Menschen, die auf die Taufe wie auf eine zwischen Tür und Angel abzuklärende Terminfrage bzw. wie auf ein gesetzlich verbrieftes Recht zu sprechen kommen, eine Mitleid erregende Unsicherheit im Hinblick auf das, worauf sie sich mit dieser Taufe womöglich einlassen. Sie wissen nicht, was sie erwartet. Sie wissen im Sinne des heutigen Textes auch nicht, wer sie erwartet. Aber sie wollen die Lampe, das Attribut derer, die den Beginn des Festes ankündigen, das Kennzeichen derer, die die Hochzeit eröffnen und von Anfang an dabei gewesen sind.

Meine Zurückhaltung gegenüber entsprechenden kirchlichen Sofortlieferungen hat - so hoffe ich - nichts mit unbewußtem Trotz zu tun. Sondern wenn ich spüre, daß diese Menschen mit derselben, eigentümlichen Mischung von Anspruch und Angst an die Tür des Pfarrbüros anklopfen, mit der die fünf gedankenlosen Freundinnen an die Tür des Festsaales klopften, *kann* ich ihnen den Wunsch nicht erfüllen, den sie im Grunde mit der Taufe verbinden: Ein Fest mitzufeiern, zu dem wesentlich das die Dunkelheit erleuchtende Öl gehört, das im Notfall auch ohne Lampe entzündet werden kann. - Man kann doch nicht diese traurige Erfahrung provozieren: mit einer Lampe hantieren zu müssen, die kein Öl hat!

Daß wir in unserer Kirche nur nicht jener Praxis verfallen, mit der der im Zuge unserer Hochzeitsvorbereitungen zusammengebrochene DDR-Staat seinen Feiern auf die Beine half: Klassenweise, brigadeweise, betriebsweise wurden - oft im letzten Moment, vor der Ankunft des Herzogs - Zustimmungen einkassiert. Aus einem

Großtankwagen wurde an Ort und Stelle Billig-Öl unter die Menschenmassen ge-spritzt, um sie für ein paar Augenblicke in Feuer und Flamme zu versetzen. Danach bedurfte es weder des Öls noch irgendwelcher Lampen - bis zum nächsten Spektakel. Was für die fünf törichten Jungfrauen gilt oder z.B. für den fehlgeleiteten Tauf-wunsch von Menschen, die noch nicht ahnen, welche Erfahrungen ihnen ihr Glaube im doppelten Wortsinn »bescheren« kann, gilt auf einer anderen Ebene auch für die Eingeweihten, für die das Hantieren mit den Öllampen längst zu einem Selbstzweck geworden ist, die selbstgefällig in die leuchtende Flamme schauen, sich von ihr blenden lassen und nicht sehen, daß der Hochzeitszug schon unterwegs ist. Der Glaube kann wohl eine Menge verkraften - aber nicht, daß er in dem Sinne kultiviert wird, daß aus der Notwendigkeit des Wartens ein Warte-Kult wird, eine Fern-Erwartungs-Manie, die sich schließlich als Nicht-Erwartung herausstellt.

Sich zu den »klugen Mädchen« rechnen zu können, setzt sicherlich Sensibilität dafür voraus, daß die anhaltende Dämmerung kein Zustand ist, daß es auf Dauer auch eine Überforderung ist, immer eine Ölkanne mit sich herumzutragen - sprich: sich auf bisherige Erfahrungen stützen zu müssen, um nicht ganz schwarzzusehen.

Das Evangelium von den klugen und naiven Mädchen ist seit langer Zeit fest mit dem *Letzten Sonntag im Kirchenjahr* verbunden. Ob man diesen Sonntag Ewigkeits-sonntag oder Totensonntag nennt, hängt wesentlich davon ab, aus welcher Warte wir uns auf den Anbruch des Reiches Gottes einstellen. Warten wir aus der Warte der törichten Jungfrauen, liegen wir richtig, diesen Tag einen Totensonntag zu nennen. Denn was anders gäbe es an diesem Tag zu begehen, wenn nicht unsere vor-programmierte, tödliche Verspätung, eine Folge des Irrtums, wir könnten uns vertre-ten lassen bei der Gewinnung jenes Brennöls, das nur aus Glaubenserfahrungen gewonnen wird.

Warten wir aus der Warte der fünf besonnenen Freundinnen, können wir nur einen Lebenden-Sonntag begehen, einen Ewigkeitssonntag, der aufs neue für gültig erklärt, was sich in jenem Gleichnis wie im Leben bewährt hat: daß das in einer langen Reihe von Erfahrungen gesammelte Öl tatsächlich Licht gibt und so lange leuchtet, bis die Tür sich öffnet - auch die letzte. Amen.

Kaleb

(4. Mose 13 und 14)
Silvester (31. Dezember 1991)
Besonderheit: Gottesdienst mit Taufe

I.

Man hat das Leben oder auch Lebensabschnitte, anbrechende Lebens- und Kalenderjahre, immer wieder mit einzunehmendem Land verglichen. Und wenn *Konstantin Wecker* singt: »Da ist ein Himmel, der will längst schon eingenommen sein«, weiß jeder, daß mit diesem Himmel das Leben in seiner Fülle gemeint ist, Leben, das sich aber nicht von selbst einstellt, sondern zu dem ich mich auf den Weg machen und das ich verteidigen muß. Zum Zwecke der Eroberung oder Verteidigung lohnenden Lebens werden Pläne geschmiedet - und an Silvesterabenden besonders gern in gute Vorsätze umgepreßt.

Das Bild vom einzunehmenden Land als zu verwirklichendem Leben war in seiner Geschichte fast immer von Feindbildern begleitet. Und je nachdem, in welchem Zeitalter, in welcher Epoche man zum Weg des Lebens ermunterte oder anleitete, war dieser Weg bald von Räubern und Mordgesellen, bald von Spöttern oder Verführern oder Atheisten gesäumt, von Figuren, die den tugendhaften Wanderer daran zu hindern suchten, ans Ziel zu gelangen, verheißenes Land unter die Füße zu bekommen: die Krone des Lebens zu erhalten, sprich, erfülltes Leben zu finden.

Der Text, den ich diesem Silvester- und Taufgottesdienst und dieser Predigt zugrunde gelegt habe, ist Bestandteil einer *echten* Eroberungsgeschichte mit *echten* Feinden. Indem ich unsere Geschichte am Ende dieses Jahres (und die Geschichte des Täuflings) mit der Geschichte des Kundschafters und Eroberers Kaleb in Verbindung bringe, möchte ich dem Neuen Jahr freilich nicht mit der Devise „Viel Feind, viel Ehr" entgegengehen; sondern ich glaube, daß das Leben jenes Kaleb aus Juda gerade nicht von seinen Feinden programmiert, sondern von einem anderen roten Faden gekennzeichnet war. Ein Faden, von dem ich wünschte, daß er das Leben von N.N. [Täufling] ebenso durchzieht.

II.

Was ist das für eine Geschichte, in die Kaleb hier verwickelt wird? Es ist eine Geschichte der Art, wie sie mir - und sicher vielen unter uns - zum Halse heraushängt: Da werden Kundschafter, Berichterstatter auf den Weg geschickt. Ihr Auftrag: Schaut doch mal über die Grenze und macht eine Reportage. Ich zitiere aus 4. Mose 13, 18-20a:

»Und Mose sprach zu ihnen: Seht euch das Land an, wie es ist, und das Volk, das darin wohnt, ob's stark oder schwach, wenig oder viel ist, und ob das Land gut oder schlecht ist; und was es für Städte sind, in denen sie wohnen, und wie der Boden ist, ob fett oder mager. Seid mutig und bringt mit von den Früchten des Landes.«

Mit anderen Worten: Bewertet alles. Und mit kolonialistischem Kennerblick haben sie binnen 40 Tagen von allem ein Bild, aber nichts verstanden (wie ihre späteren Berichte zeigen). Freilich - sie sollen auch gar nichts verstehen; sie haben die Eroberung vorzubereiten, und dazu bedurfte es zunächst nicht *mehr* als jener gründlichen Alles-Begutachter, losgeschickt mit dem einzigen Auftrag, zu sehen und zu urteilen.

Und Kaleb mittendrin. Aber Kaleb, so heißt es ausdrücklich, wird seinem Auftrag in »einem anderen Geist« gerecht als seine Genossen. Das zeigt sich vor allem später, als es darum geht, Konsequenzen aus dem Gesehenen zu ziehen: die Entscheidung zu treffen, ob es einen Aufbruch in neues Land geben wird und ob die Lebensaussichten eines nicht zur Ruhe kommenden Volkes, ob Hoffnungen, die kaum noch einer zu hegen wagt, preisgegeben werden oder nicht.

Die ausgesendeten Kundschafter bekommen bald mit, daß es bei der Reportage, bei dem distanzierten Bewerten dessen, was es alles so gibt, nicht bleiben wird. Sie begreifen: Das, was sie hier beginnen, ist nur die allererste Etappe eines langen, beschwerlichen, entsagungsvollen Weges. Der sie sendet, meinte es ernst, als er sagte, sie sollten Land gewinnen - nicht nur davon träumen -, also sich für dieses Land einsetzen. Als ihnen das klar wird, wollen sie von neuem Lebensraum nichts mehr wissen.

Für uns ist dieser Lebensraum vielleicht weniger eine geographische Größe - nicht primär an bestimmte Orte gebunden, sondern eher eine Frage von Beziehungen und Situationen, in die wir uns begeben oder nicht. - Das macht es aber keineswegs leichter: Wenn sich zwischen mir und dir nichts abspielt, dann deshalb, weil es da keinen Lebensraum gibt - weil ich partout keinen Zugang finde und eine Menge Gründe habe, auf gemeinsamen Lebensraum zu verzichten. Es kostet mich zwar ein ganzes Stück Leben, aber ich verzichte lieber, bevor ich mich darauf einlasse, in Person das eingenommene Land - jenen Raum auszufüllen, der sich mit einem Mal vor mir auftun könnte. Dann habe ich nämlich nicht nur *Land* gewonnen, sondern das Land hat auch *mich* gewonnen, liegt vor mir und wartet auf mich, darauf, daß ich etwas mit ihm anfange, es bebaue, pflege.

Kommen wir auf die Kundschafter und ihren Eroberungsplan zurück: Natürlich weiß Kaleb um die Schwierigkeiten eines solchen Unternehmens. Auch er ahnt den Einsatz, der nötig sein wird. Aber er weiß, daß dieser Einsatz, der hier gefordert wird, nicht der erste dieser Art ist. Und schon mehr als einmal hat sich gezeigt, daß der, der zu solchem Einsatz ermutigt, sich immer selbst mit eingesetzt hat, anwesend war: Zum Beispiel bei der Flucht aus Ägypten war das so, am Roten Meer.

Aber mit dieser Perspektive steht er allein. Was ihm zu schaffen macht, sind erst zuallerletzt die wirklichen Feinde. Es sind Leute aus den eigenen Reihen, die zu allem Unglück auch noch behaupten können, Augenzeugen zu sein und angeblich genau wissen, weshalb man es mit dem Weg ins Gelobte Land gar nicht erst zu versuchen brauche:

Zuerst treten die *Realisten* auf und sagen (13,31):

»Dieses Land zu gewinnen ist ein Ding der Unmöglichkeit. Wir werden doch keinem ins offene Messer laufen. Gegen die Macht dieser Leute können wir nichts tun.«

Dann kommen die *Gerüchteverbreiter* (13,32):

»Dieses Land, durch das wir gegangen sind, frißt seine Bewohner, und alles Volk - wir haben es selbst gesehen - sind Leute von großer Länge.«

Dann kommen die *Angstmacher* (13,33; 14,1):

»Was heißt hier Leute von großer Länge! Riesen gibt es dort, gegen die wir so groß wie Heuschrecken sind! - Da fuhr die ganze Gemeinde auf und schrie, und das Volk weinte die ganze Nacht.«

Die Realisten, die Gerüchteverbreiter, die Angstmacher - sie argumentieren dicht beieinander, auch dann, wenn das Gelingen und Scheitern von Lebenswegen auf dem Spiel steht. Die Realisten halten dir entgegen, daß du eigentlich gar nicht erst loszuziehen brauchst. Es gibt Mächte und Prozesse in dieser Welt, die längst deinen Untergang vorbereiten. Andere verbreiten mit wachsendem Erfolg das Gerücht, daß alles schlechter wird, mit der Kirche, mit den Normen, mit den Sitten. Die Angstmacher rühren das Ganze noch einmal um und sagen: Das alles - und die andern - sind dein Tod. Sei klug und schone dich. Halt' dich raus. Wenn sich andere Dumme finden für das Experiment eines Lebens-Weges im tieferen Sinn des Wortes, um so besser für dich. Verbrenn' dir nicht die Finger und nicht die Zunge.

Kaleb aus Juda läßt sich nicht beirren. Das vierte Buch Mose bescheinigt ihm: »*Aus seinen Worten spricht ein anderer Geist.*« Dieser Geist hält den Realisten einen unvollständigen Realismus vor, der ohne ihren Geschichte gewordenen Zusammenhang mit Gott auskommt. In diesem Geist entlarvt er die Gerüchteverbreiter als falsche Zeugen und entblößt die Angstmacher, die den erwachenden Mut ihres Volkes unterwandern und die bislang schon zurückgelegte Strecke ignorieren, um sich nur ja nicht in irgendeiner Hinsicht verändern zu müssen.

Als Kaleb versucht, die herausreißende Hand Gottes in Erinnerung zu rufen und so die Massenhysterie zu bändigen, fliegen ihm die ersten Steine um die Ohren. Darin zeigt sich das Tragische nicht nur dieser Geschichte, sondern auch mancher unserer eigenen Geschichten, in denen Menschen lieber mit engem, aber vertrautem Horizont leben, sich lieber betören lassen von Gerüchten und Ängsten, als daß sie ihr Weltbild und damit schließlich sich selbst verändern lassen.

Die Folgen sind verheerend. Was die Geschichte der Israeliten betrifft: Die meisten werden in der Wüste, von der sie sich nicht loszusagen wagten, aufgerieben:

> »So wahr ich lebe, spricht der Herr: Eure Leiber werden in der Wüste aufgerieben werden. Alle, die zwanzig Jahre und älter sind, alle, die sich gegen mich aufgelehnt haben. Wahrlich, ihr sollt nicht in das Land kommen, außer Kaleb und Josua. Eure Kinder aber, von denen ihr sagtet: Man wird sie uns rauben! - die will ich hineinbringen. Sie werden das Land kennenlernen, das ihr verwerft« (14, 29-31).

III.

Die meisten Menschen reiben sich sicherlich nicht in Sandwüsten, sondern in Lebenswüsten auf. Und es ist nicht leicht, aus diesen Wüsten aufzubrechen: Das hat ja nicht selten damit zu tun, Lebenslügen aufzugeben, mit Verteufelungen zu brechen, unterhaltsame, aber zerstörerische Gerüchte lahmzulegen. Vom Text her gesehen mag es fast so scheinen, als stellte sich die Bereitschaft dazu bei Erwachsenen schwerer ein als bei denen, die sich mit der Wüste noch nicht so arrangiert haben. Immerhin heißt es, daß sie, die Großen, bis auf Kaleb und Josua auf der Strecke bleiben werden. Und ausgerechnet gegenüber denen, die zu dieser Zeit Kinder sind, wird die Neuland-Verheißung wiederholt. Ich werde hier unmittelbar an das Taufevangelium erinnert.»Lasset die Kinder zu mir kommen und wehret ihnen nicht; solchen wie ihnen gehört Gottes Reich.« Oder auch: »Wer nicht das Reich Gottes annimmt wie ein Kind, der wird nicht hineinkommen« (Lukas 18, 17).

Ich sehe *den* Geist, in dem wir ins Neue Jahr treten und auf den wir N.N. taufen, in einer tiefen, inneren Verwandtschaft zu jenem Geist, der Kaleb aus Juda überleben ließ. Und das Taufwasser kann dementsprechend als ein Wasser verstanden werden, das davor bewahrt, in der Wüste aufgerieben zu werden. N.N. steht noch fast am Beginn einer Strecke, von der man einmal sagen wird, daß sie sein Lebensweg war. Wir wollen ihm wünschen, daß ihn jener Geist begleite, von dem der alte Kaleb bestimmt war, als er den Realisten, Gerüchteverbreitern und Angstmachern entgegentrat. Aufgenommen in die Gemeinschaft der Christen wird auch ihm etwas von der Aufgabe des Kaleb aus Juda zuwachsen: Kundschafter des Lebens zu sein. Einer von vielen - sicher. Und doch wird viel von ihm abhängen. Wird er das Leben verteufeln wie jene Kundschafter das verheißene Land, werden andere ihr Leben verteufeln wie die Israeliten? - Wird er sein Leben wagen, werden andere das ihre finden.

Wir stehen am Beginn eines Neuen Jahres. Es könnte uns viel bringen, wenn es uns glückt, in einem anderen Geist Kundschafter zu sein als in dem Geist, in dem im vergangenen Jahr unser Land, unser Leben, unsere Beschaffenheit, unsere Vergangenheit, unser Soll und Haben ausgekundschaftet wurden. Denn allzuschnell ist es dazu gekommen, daß entsprechende Kriterien zur Beurteilung unserer Lage zu Wertmaßstäben unseres Lebens wurden. Wer an sie glaubt, macht sich fertig, *muß* schockiert sein. - *Noch* ein Jahr?

Die Geschichte von Kaleb mutet uns zu, *Kundschafter des Lebens zu werden, nicht der Lebensmittel.* Sie ermutigt uns dazu, in unserem täglichen Leben nichts Geringeres als Landnahme zu betreiben, d.h. um Lebensräume zu kämpfen und sie offenzuhalten (auch im persönlichen Bereich), die uns der Geist der Zuversicht ans Herz gelegt hat, jener Geist, der Kaleb überleben ließ.

Engstirnige Realisten, gedankenlose Gerüchteverbreiter und berechnende Angstmacher werden uns dabei wieder und wieder verunsichern. Ihnen zu widerstehen - dafür gibt es wohl kaum ein brauchbareres, ermutigenderes Motto als die Jahreslosung 1992, ein Spruch, zu dem wir als Marianer einen besonderen, zum Meditieren einladenden Zugang haben: In der Gedächtniskapelle an der Südseite unserer Kirche steht er in großen Lettern unter dem Kreuz: »In der Welt habt ihr Angst. Aber seid getrost, ich habe die Welt überwunden« (Johannes 16, 33).

Ich glaube, daß wir im kommenden Jahr nicht nur diesen Spruch, sondern auch diesen Ort brauchen, um *den* Geist nicht zu verlieren, ohne den uns jene lebensgefährliche Aussichtslosigkeit überkommt, die den Kunschaftern - Kaleb ausgenommen - den Tod brachte. »In der Welt habt ihr Angst« - das kennen wir, auch ohne jeden Bibelspruch. Schenke uns Gott zum Neuen Jahr die Entschlossenheit, auch die Wirklichkeit der zweiten Hälfte der Jahreslosung auszukundschaften: »Seid getrost, ich habe die Welt überwunden.« Amen.

Das Leben: Ein Gottesdienst wider die Anpassung

(Röm 12, 1-2)

1. Sonntag nach Epiphanias (12. Januar 1992)

In Dankbarkeit gegen Roman Roessler

Der Gottesdienst ist zur Zeit viel im Gespräch. Freilich immer nur als Sonntagmorgen-Veranstaltung. Nach alldem, was bisher zum Thema Gottesdienst und erneuerte Agende gedacht, gesagt und geschrieben wurde, bedeutet der heutige Predigttext nicht nur eine wichtige Ergänzung. Vielleicht holt er uns auch ein Stück zurück von einem Weg, auf dem so viele Details zu bewältigen sind, daß das Grundsätzliche, das Ziel, der Sinn, die Richtung des Weges aus dem Blickfeld geraten könnte. So gelesen empfinde ich das Nachdenken über diesen Text sogar als heilsame Therapie. Paulus schreibt an die Römer:

> »Ich ermahne euch, Geschwister im Glauben, euer Leben - kraft der Barmherzigkeit Gottes - als ein lebendiges, heiliges und Gott angenehmes Opfer zu gestalten. Das soll euer vernünftiger Gottesdienst sein. Also: Paßt euch dieser Welt nicht an. Sondern verändert euch durch eine von Grund auf neue Gesinnung, damit ihr beurteilen könnt, was Gottes Wille ist: Nämlich das Gute, das, was Wohlgefallen hervorruft, und das Vollkommene« (Römer 12, 1f.).

Zu dem, was nach neutestamentlichem Verständnis unseren Gottesdienst ausmacht, gehören drei Dinge.

1. Paßt euch nicht dieser Welt an

Gottesdienst - Dienst für Gott - hat zunächst tatsächlich mit einem unaufhörlichen Widerstand zu tun. Mit Widerstand gegen das Ferngesteuert-Werden durch alles das, was ohne Unterbrechung von außen auf uns zukommt und uns bestimmt. Die Signale und Botschaften, die ein Mensch durchschnittlich pro Tag empfängt, haben sich in diesem Jahrhundert vervielfacht. In der Soziologie hat man den Menschen mit einem Radargerät verglichen, das nicht mehr abgeschaltet werde. Und im Normalfall richte der Mensch sein Verhalten fortlaufend nach den Signalen der öffentlichen Meinung, nach der Mode - sowohl in textilen wie in geistigen Angelegenheiten. Unter Zynikern gilt er als das Tier mit der höchsten Anpassungsfähigkeit.

Paßt euch dieser Welt nicht an. Vergeßt nicht, warum ihr Protestanten genannt wurdet, als man das Charakteristische an euch festhielt. - Es war 1529 auf dem Reichstag zu Speyer, als eine kleine Minderheit von etwa zwanzig evangelischen Reichsständen dagegen protestierte, daß man sich in Gewissensentscheidungen des Glaubens der Mehrheit zu beugen habe, denn »in Sachen Gottes Ehre und der Seelen

Gerechtigkeit muß ein jeglicher vor Gott stehen und Rechenschaft geben, also daß sich niemand mit dem Handeln und Beschließen einer [...] Mehrheit entschuldigen kann.« Im Zusammenhang dieses Protestes kam der Name »Protestanten« auf.

Ich glaube aber, daß die Anpassung unseres Gewissens bzw. unserer Urteilskraft nicht nur dort droht, wo diese Anpassung durch Gesetze verlangt oder begünstigt wird. Sondern wenigstens ebenso wirksam ist jene schleichende Anpassung, die wir kaum spüren, ein Nachgeben, das Folge einer kaum mehr auswertbaren Informationsflut und des Werbens um unsere Gunst ist.

Ob unser Leben ein Gottesdienst ist, zeigt sich - so Paulus und so die Väter des Protestantismus - zuerst daran, ob wir als Christen zugleich *Nonkonformisten* sind. Paßt euch nicht dieser Welt an. Im Griechischen heißt es an dieser Stelle »me syschematizeste« - wörtlich übersetzt: »Laßt euch nicht schematisieren«, »paßt euch dem Schema dieser Welt nicht an«. Wir würden heute vielleicht sagen: Unterwerft euch nicht der sogenannten Eigengesetzlichkeit der Dinge, nicht den Trends, nicht den vorherrschenden Meinungen, nicht dem Diktat der Öffentlichkeit. Bleibt mit dem, was ihr sagt und macht, unterscheidbar von dem, was andere denken und machen - oder ihr braucht euch nicht Christen zu nennen.

Es geht hier um nichts Geringeres als um das »unterscheidend Christliche«. *Wenn sich Christen von anderen unterscheiden, dann dadurch, daß sie ihr Leben als einen Gottesdienst gestalten* - mit anderen Worten: daß sie Gott dienen. Paßt euch den Schemata dieser Welt nicht an. Damit ist also nicht gemeint, Christen sollten sich von der Welt absetzen wie eine Elite von den Durchschnittlichen; Christen erhalten im Evangelium keine Sonderstellung in der Welt. Sondern darum geht's: Wenn das Leben von Christen adressiert, Gott gewidmet - wenn es ein »Gottesdienst im Alltag der Welt« (Ernst Käsemann) ist, hat das praktische Konsequenzen. Denn »niemand kann zwei Herren dienen« - so Jesus in der Bergpredigt.

Aber es scheint, als wäre Jesus durch die Geschichte - nicht zuletzt durch unsere eigene Geschichte - gründlich widerlegt worden: Nicht wahr? »Man kann sehr erfolgreich zwei Herren dienen. Die Verbindung Gott und Kapital war so erfolgreich, daß sie die ganze Welt zum Markt weniger reicher christlicher Nationen gemacht hat« (Roman Roessler). Und wie sich viele Menschen überfordern und in ein Schema pressen ließen und sich anpaßten in den 40 Jahren DDR, so besteht jetzt die Gefahr, daß sie ihr Leben erneut einem Schema zum Opfer bringen. Beugte man sich früher dem Schema einer politischen Partei, beugt man sich nun dem Schema der wirtschaftlich Interessierten.

Evangelium des Tages: Es gibt eine Möglichkeit, mit seinem eigenen, persönlichen Leben dem Zwang der Schemata und damit dem Hang zur Anpassung zu entkommen: Wenn das Leben den Charakter eines Gottesdienstes erhält. Aber wie?

2. *Verändert euer Leben durch eine von Grund auf neue Gesinnung*

In den vergangenen Jahrzehnten hat es sich immer wieder gezeigt: Ein *bißchen* kirchlich, ein *bißchen* religiös reicht nicht aus, um den Schemata dieser Welt zu entkommen. Bei dem Versuch, zu verschleiern, daß Gott im persönlichen Leben eine Rolle spielte, hat mancher nichts mehr gefunden, als er nach der Wende jenen Schleier wegziehen konnte. Wilhelm Busch prägte das treffende Wort: »Ein halber Christ ist ein ganzer Unsinn.«

Verändert euer Leben durch eine von Grund auf neue Gesinnung. Eine Gesinnung also, die in alle Bereiche unseres Lebens hineinwirkt. Als es im Dritten Reich um ein Nein gegen das Führer-Schema ging, formulierte die Kirche in der Barmer Erklärung:

> »Wir verwerfen die falsche Lehre, als gäbe es Bereiche unseres Lebens, in denen wir nicht Jesus Christus, sondern anderen Herren zu eigen wären. [...] Wir verwerfen die falsche Lehre, als dürfe die Kirche die Gestalt ihrer Botschaft und Ordnung [...] dem Wechsel der jeweiligen herrschenden weltanschaulichen oder politischen Überzeugungen überlassen.«

Gibt es Bereiche unseres Lebens, in denen wir anders entscheiden, als es unserem Glauben entspricht? Gibt es gar Bereiche oder Situationen, in die wir uns nur begeben, nachdem wir unserem Gewissen die Sicherung herausdrehen, damit es nicht mehr rot aufleuchtet? Paulus zufolge gibt es nichts, was von jenem grundlegendem Sinneswandel nicht betroffen wäre. Kommt er zustande, steht alles, was ich bisher getan und wie ich bisher entschieden habe, erneut zur Disposition - d.h. vor der Frage, ob (und wenn ja, wie) ich dies alles in die Liturgie meines Lebens einbauen kann.

Das beginnt bei allgemeinen Dingen wie zum Beispiel dem Aufwand, den ich betreibe, um mein Leben zu gestalten. Es gibt Lebensstile, an denen unser Leben als Gottesdienst scheitern muß. Aber der Versuch, dieses Leben als Gottesdienst zu gestalten, wird auch ganz konkrete Fragen dieses Lebens betreffen. Könnte es sein, daß ich mir eine Spur zu beflissen das Programm einer bestimmten Partei zu eigen gemacht habe, daß ich etwas zu eilfertig den Plänen meines Geld- oder Arbeitgebers zugestimmt habe?

Am schwersten tut sich ein Christ vielleicht bei der Gestaltung seines Lebens-Gottesdienstes gerade in jenen Bereichen, die wirklich von grundlegender Bedeutung dafür sind, was im Leben eines Menschen passiert und was nicht: Wie und wofür investiere ich meine Lebenszeit? Woraufhin lasse ich mich ansprechen? Welchen Dingen und Menschen entziehe ich mich? Wenn Paulus dringend empfiehlt: Verändert euer Leben durch eine von Grund auf neue Gesinnung, heißt das auch, daß die Antwort auf die eben genannten Fragen immer wieder revisionsbedürftig ist. Nicht aber, um uns das Leben schwerzumachen, sondern weil es eine wohltuende Form geistlicher Hygiene ist, Götzendienst im Sinne von fehlinvestiertem Leben aufzugeben, von ihm freizukommen, und stattdessen der Liturgie Christi zu folgen.

3. Damit ihr prüfen könnt, was Gottes Wille ist

Vor der Arbeit an diesem Predigttext war mir nicht bewußt, daß der ernstgemeinte Zweifel an der Tauglichkeit verschiedenster Lebenskonzepte und Lebensratschläge ein begleitendes Wesensmerkmal christlicher Existenz ist. Alles, was Paulus empfiehlt, scheint auf die Befähigung hinauszulaufen, Gottes Willen von alldem zu unterscheiden, was sonst noch gewollt wird. Aber diese Befähigung wird ausschließlich im Rahmen des Unternehmens „Gottesdienst im Alltag" erworben.

Zum Zweifeln gehört in der Regel *mehr* Kraft, als man braucht, um sich vorherrschender Meinung anzuschließen. Bert Brecht hat es in einem Gedicht so zur Sprache gebracht:

> »Ich, sagte er uns
> Bin der Zweifler, ich zweifle, ob
> Die Arbeit gelungen ist, die eure Tage verschlungen hat [...]
> Seid ihr wirklich im Fluß des Geschehens?
> Einverstanden mit Allem, was wird?
> Werdet ihr noch? Wer seid ihr? Zu wem
> Sprecht ihr? Wem nützt es, was ihr da sagt? Und nebenbei:
> Läßt es auch nüchtern. Ist es am Morgen zu lesen? [...]
> Sind die Sätze, die
> Vor euch gesagt sind, benutzt, wenigstens widerlegt?
> Ist alles belegbar?
> Durch Erfahrung? Durch welche? Aber vor allem
> Immer wieder vor allem anderen: Wie handelt man,
> Wenn man euch glaubt, was ihr sagt.«

Auch die Fähigkeit, an der Kirche zweifeln zu können, ist eine Tugend. (Hätte Luther nicht an der Kirche und der Kirchenmeinung seiner Zeit zu zweifeln vermocht, hätte es nie eine Reformation gegeben.) Und wenn es dazu kommt, daß die Kirche als Institution nach einer Liturgie lebt, die sich für den Lebensgottesdienst der Gemeinde nicht eignet, ist die Gemeinde berufen, ihre Prüfungs-Kompetenz wahrzunehmen und den Willen Gottes einzuklagen.

Ein lebendiger Gottesdienst - ein Leben, das nicht in gängigen Schemata untergebracht oder vorprogrammiert werden kann, wird öfter von Zweifeln und Fragen bewegt sein als ein Leben, für das man eine Schablone gefunden hat. Und ein Mensch, der solche Zweifel und Fragen auch noch äußert, wird gewiß unbequemer sein als einer, für den es nichts mehr zu bezweifeln und zu fragen gibt. Aber wenn es stimmt, daß - wie der Philosoph Martin Heidegger sagt - das Fragen die »Frömmigkeit des Glaubens ist«, sollten wir auf diese *Medizin wider die Anpassung* nicht verzichten.

Es gibt im griechischen Neuen Testament mehrere Begriffe, die mit »Gottesdienst« zu übersetzen sind. Bemerkenswerterweise wird aber damit nie *das* bezeichnet, was wir jetzt hier tun, wenn wir uns zu einem institutionalisierten Gottesdienst versammeln. Damit will ich unsere Gottesdienstfeier keineswegs entwerten oder Sie für den nächsten Sonntag ausladen. Im Gegenteil: Ich stimme der in unserer Gemeinde erfreulicherweise weitverbreiteten Auffassung, daß der Gottesdienst das zentrale Ereignis im Leben der Gemeinde sei, zu. Mehr noch, ich glaube sogar, daß unsere Erde unter anderem deshalb noch steht, weil Gottesdienste begangen werden. Aber vielleicht denken Sie auf dem Heimweg einmal darüber nach, was es heißt, wenn mit diesen Gottesdiensten unsere Leben gemeint sind. Amen.

Zitat auf Seite 84 aus: Bertold Brecht, Gesammelte Werke, Band 4, S. 587.
© Suhrkamp Verlag Frankfurt/Main 1967

Ende der Scham?

(Röm 1, 16 f.)

3. Sonntag nach Epiphanias (26. Januar 1992)

»Ich schäme mich des Evangeliums von Christus nicht« - warum auch? In einer Zeit, in der Pfarrer Bürgermeister und Minister werden? »Ich schäme mich des Evangeliums von Christus nicht.« Warum auch? Ein Mädchen aus der Jungen Gemeinde erzählte mir, daß gar in der Schulweihnachtsfeier die Weihnachtsgeschichte - was für ein Evangelium! - verlesen wurde. Ich ergänze: in derselben Schule, in der dieses Mädchen noch bis vor kurzem als religiöse Hinterwäldlerin verschrien war. »Ich schäme mich des Evangeliums von Christus nicht« - das muß heutzutage nicht mehr betont werden. Wozu auch.

I.

Aber es ist noch nicht so lange her, da haben wir eher - vielleicht sogar auf Anhieb - verstanden, was es heißt, sich des Evangeliums schämen zu müssen. Ich schämte mich wenigstens ebenso wie es mich ärgerte, wenn mich mein Lehrer als »Pfaffensohn« betitelte und sich über alle, denen eine gewisse »kirchliche Gebundenheit« nachgewiesen werden konnte, lustig machte. Das konnte schon peinlich werden und manchem die Schamröte ins Gesicht treiben.

> »Ich schäme mich des Evangeliums von Christus nicht, ist es doch eine Kraft Gottes, die da selig macht alle, die daran glauben, die Juden vornehmlich und auch die Griechen.«

Das war einer der wohl meistgebrauchtesten und aktuellsten Konfirmationssprüche der 50er, 60er und 70er Jahre. Aber nicht nur Kinder wußten um die Schwierigkeit dieses Satzes. Auch Jugendliche, wenn sie es wagten, über allgemein-humanistisches Gedankengut hinaus etwas über den Hintergrund ihrer Entscheidungen zu sagen: Über ihre Sympathie, über ihre innere Beziehung zu Christus, über ihre Wertschätzung des Evangeliums. Warum keine Mitgliedschaft bei den Pionieren? Warum nicht Mitglied der *Freien Deutschen Jugend?* Warum keine Jugendweihe? Warum Verweigerung der vormilitärischen Ausbildung? Warum kein Dienst mit der Waffe? Warum nicht einmal Bausoldat? - Wegen des *Evangeliums* nicht.

Dieser Satz kostete etwas. Unter anderem: die Überwindung der Scham. Die Scham war unter anderem Resultat davon, daß man ein Evangelium vertrat, das - in seiner ungeschützten Offenheit und schlichten Klarheit - gegenüber der Argumente-Maschine der Parteipropaganda unversehns als zu schwach erscheinen und einen lächerlich machen konnte.

Die Erwachsenen hatten es nicht leichter. Viele haben geschwitzt über der Frage, ob man das kann: Sich der schlichten Wahrheit des Evangeliums zu stellen und gleichzeitig zur »Kampfdemonstration« am 1. Mai oder am 7. Oktober durch persönliche Anwesenheit (und sei es für ein paar Minuten!) die Macht und die Parolen der Lüge mitzuverkörpern. Von manchem weiß ich, wie er gelitten hat, sich zu schämen - und auch wieder nicht zu schämen. Und vor allem, wie er sich *hinterher* geschämt und gepeinigt hat, weil ihm das ganz anders als Parteiparolen lautende Evangelium schon längst ins Herz, ja, in die Seele gedrungen war.

II.

Ist heute alles anders? Gibt es das noch, können wir unversehens oder langfristig in die Lage kommen, uns wegen des Evangeliums schämen bzw. ausrücklich erwähnen zu müssen, daß wir uns wegen des Evangeliums *nicht* schämen? Während man früher Menschen mit dem Evangelium im Kopf oder gar auf der Zunge als ewig Gestrige oder Unaufgeklärte beiseite schob, scheint man heute auf diese Weise - mit dem Evangelium im Kopf und auf der Zunge - kaum noch zu stören.

Aber in den letzten Tagen hörte ich ein aktuelles Argument gegen das Evangelium. Es lautete: Wir haben ja nichts dagegen - aber in unserer komplizierten Situation ist es einfach nicht brauchbar. Es greift nicht. Im Klartext: Unsere Vergangenheit könne nicht mit dem Evangelium bewältigt werden. Und zum ersten Mal seit langer Zeit - ich werde fast sentimental bei diesem Gedanken - spürte ich wieder die alte Scham. Vermutlich wurde ich rot.

Bevor ich beschreibe, vor welchem Horizont ich den Predigttext heute als *Evangelium* höre und genieße, möchte ich eine Parallele aufzeigen, die uns helfen kann, unsere Lage im Lichte dieses Evangeliums neu zu beurteilen. Ich kann als protestantischer Theologe kaum über diesen Text predigen, ohne jenen Mann zu erwähnen, dem dieser Text zum Schlüsseltext seines Glaubens und seiner Theologie wurde. Ein Mann, der eine Wende durchlebte und mitgestaltete, eine Wende, die damit zu tun hatte, aus einem bedrückenden System herauszutreten. Das Motiv, die Anregung, ja die Kraft dazu entdeckte er in diesem Text:

Ich schäme mich des Evangeliums von Christus nicht, birgt es doch die uns zugute kommende *Gottesgerechtigkeit.* Sie erwächst aus dem Glauben an das Evangelium, und allein wegen dieses Glaubens wird ein Mensch leben und von Gott gerecht gemacht (vgl. Römer 1, 16 und 17).

Ich spreche von Luther und seiner Wiederentdeckung der Gerechtigkeit aus Glauben, von seinem Jubel über den Bruch mit einem Leistungs-Erfüllungs-Prinzip, dem er nicht gewachsen war - obwohl oder gerade weil er es so ernst genommen hatte. Ein

System, das von ihm die Erfüllung heiliger Normen erwartete und für Verfehlungen Genugtuung forderte. Luther fühlte sich wie der Hase im Wettlauf mit dem Igel. Sowie er glaubte, mit seinem Handeln Gott gerecht geworden zu sein, erklärte ihm das System: Ziel erkannt und doch verfehlt. Er hat es lange mitgemacht und fürchterlich darunter gelitten, bis er spürte: So komme ich nicht weiter - bis ihm unter dem Lesen jener Römerbriefstelle Sinn und Gewinn des Glaubens aufgingen: *Gott* versteht unter Gerechtigkeit, daß ich allein aufgrund meines Glaubens lebe.

Viele seiner Kollegen erklärten ihm: Damit machst du es dir zu leicht. Du mußt deine Vergangenheit aufarbeiten, wiedergutmachen. Geh' in dich. Du wirst es schon schaffen. Wende dich in deiner Krise vertrauensvoll an deine Kirche. Nimm es nicht zu leicht mit der Schuld ... Ich glaube nicht, daß Luther letztlich seiner »inneren Stimme« folgte, sondern der Stimme der Botschaft, die sich in ihm eingenistet hatte.

Eine solche wirkliche, persönliche Entdeckung, die einen »umwirft«, entlastend wie sie ist, kommt wohl nur dort zustande, wo wirklich elementare Belastungen vorliegen, ähnliche, wie Luther sie verspürt haben mag. Systembedingte Belastungen. Beklemmungen, die dadurch entstehen, daß man sich innerlich unter Druck setzen läßt, daß man seine ganze Konzentration darauf verwendet, nicht durch eine unvorsichtige Haltung oder Stellung zerdrückt zu werden. Das bindet Kräfte. Vor allem Lebenskraft, Lebensmut, Lebensfreude. Es dauert auch gar nicht lange, dann hat man sich so in diese »Unter-Druck-Haltung« eingepaßt, daß man sie immer noch einnimmt - auch, wenn der Druck schon wieder nachläßt. Man könnte sich schon wieder freier bewegen, aber man ist noch wie gelähmt.

III.

Liebe Gemeinde, wer in diesen Tagen im Zusammenhang der auch inneren Befreiung aus dem System vergangener Jahre mit dem Evangelium kommt, stößt schnell auf Kritik: »So einfach darfst du das nicht sehen. So einfach darfst du das den anderen auch nicht sagen. Denn - so einfach kann man doch die Vergangenheit nicht bewältigen!«

Aber genau dieses Argument führt in die Irre. Was uns hier angeboten wird, ist *natürlich* keine Anleitung zur Aufarbeitung unserer Vergangenheit. Darum geht es überhaupt nicht! Es geht um nichts geringeres als um die Nachricht, daß uns *Gott* unsere unwiederbringlich mißlungene Verantwortung nicht anlastet, sondern uns von ihr befreit, so wir unser ganzes Vertrauen auf ihn setzen. - Für diesen Glauben *lohnt* es sich wenigstens, sich zu schämen!

Es wird in diesen Tagen sehr viel von der Fähigkeit zur Vergebung gesprochen. Damit ist fast immer das »Wieder-Miteinander-Können« nach dem Bekanntwerden von Stasi-Zugehörigkeiten gemeint. Ist uns eigentlich noch bewußt, daß die Vergebung ihren Ursprung, ihren eigentlichen Sinn darin hat, daß *Gott* uns vergibt? Was Luther jubeln ließ, war die Entdeckung des gnädigen Gottes. Ist uns bewußt, wie nötig wir ihn haben nach den vergangenen Jahren? Ich frage das nicht rhetorisch, nicht bloß so. Die einseitige, einäugige, um nicht zu sagen blinde Fixierung auf das Auf- und Zuklappen von Stasi-Akten und den täglichen Stasi-Report hat dazu geführt, daß unausgesprochen die Schuldfreiheit für alle die gilt, bei denen sich »nichts« findet. Und das ist - im Vergleich zu dem, was an Traurigem geschehen konnte - die bedrohlich größere Masse.

Wie spricht sich das auf Ihren Lippen? »Ich schäme mich des Evangeliums von Christus nicht, birgt es doch die uns zugute kommende Gottesgerechtigkeit. Sie erwächst aus dem Glauben an das Evangelium. Und allein wegen dieses Glaubens wird ein Mensch leben und von Gott gerecht gemacht.« Damit kann man sich in viele Fettnäpfchen setzen, sich schämen - aber auch Zuversicht finden angesichts persönlicher Schuld.

Daß es nötig ist, darüber zu sprechen, was eigentlich gelaufen ist bei uns und mit uns, und daß dabei nicht die Stasi-Akten die entscheidende Rolle spielen, steht außer Zweifel. Aber es steht auch »auf einem anderen Blatt«, und nicht auf der *ersten* Seite, sondern frühestens auf der zweiten. Das Deckblatt, die erste Seite unseres Lebens, die Gott zuerst aufschlägt, wenn er nach uns sieht, ist unser Glaube. Diese Seite soll uns niemand herausreißen.

Nachdem man das Evangelium inzwischen immerhin nachplappern darf, ist es an der Zeit, es persönlich anzunehmen und anderen nahezubringen. Ohne Schlagzeile, ohne Kamera, ohne Reporter unterbreitet uns Gott ein spektakuläres Angebot: Kommt her zu mir, die ihr die Last unwiederbringlich mißlungener Verantwortung empfindet. Ich werde euch nicht »entstasifizieren«, sondern in eurer Lebensgeschichte die Seite des Glaubens aufschlagen. Amen.

Das Hohelied der Liebe - Die Alternative zu »Ich liebe euch doch alle«

(1 Kor 13, 1-13)

Sonntag Estomihi (1. März 1992)

Es gibt einen Satz, über den verständlicherweise viel gelacht worden ist, der aber menschlich und tiefenpsychologisch hochinteressant ist. Er zeigt von einer ganz ungewohnten Perspektive aus, worum es im Hohelied der Liebe geht. Mielke vor der im Vergehen begriffenen Volkskammer: »Ich liebe euch doch alle.« Was in aller Welt treibt einen Menschen wie Mielke zu solch einem Satz? Erinnern Sie sich an den Zusammenhang? In jener Sitzung war ein ideologisches Erdbeben im Gange. Das Bett der »gemeinsamen Verantwortung«, des »historischen Klassenkampfes«, der »Wahrheit des Marxismus-Leninismus«, der »unerschütterlichen Kampfgemeinschaft« - es zerbröckelte wie überalterter Beton.

In solch einer Situation kann man in der Tat nur etwas beschwören, was unangefochten von der Tauglichkeit ideologischer Werte noch tragen kann. Und da taucht selbst bei Mielke irgendwo ganz im Untergrund die »Bruderliebe« auf. Auch wenn er sie erst im letzten Moment beschwor, um damit eine moralische Erpressung zu versuchen - er lag ganz richtig. Und wenn ihm überhaupt etwas hätte helfen können, dann eine in (meinetwegen sozialistischer) Bruderliebe geschaffene Grundlage. Aber in dem Augenblick, als die Meute loslachte, war klar, daß diese Grundlage Illusion war.

Der Predigttext dieses Sonntags wirft die Frage auf, ob das, was wir uns im Namen Gottes von der Liebe erhoffen und versprechen, seinerseits nur von Illusionen genährt wird oder ob es Bestandteil unseres wirklichen und manchmal schwierigen Lebens werden kann.

1. Liebeskummer?

Was Paulus von der Liebe schreibt, ist leicht verständlich, stellt keine hohen Anforderungen an unser Denken und ist so gesehen kein Problem. Auf einem anderen Blatt steht, daß die Schwierigkeiten, die man mit der Liebe hat, zu den tiefsten, größten, langwierigsten Schwierigkeiten überhaupt gehören, in denen Menschen stecken können. Das wissen wir aus der Weltliteratur ebenso wie aus Groschenromanen, aus Filmen ebenso wie aus Biographien, aus unserem Leben ebenso wie aus der Bibel. Mangel an Liebe, Verlust an Liebe, Werben um Liebe, Kampf um Liebe, Tod aus Liebe. Die Liebe wird geradezu als Inbegriff des Lebens verstanden. Wer aus ihr, in ihr, durch sie, für sie lebt, lebt wirklich. - Und heute hören wir: Das stimmt. Tausendfach durch die Klischees der Boulevardzeitungen entstellt - es stimmt trotzdem. In Anbetracht der Probleme, die Menschen mit der Liebe haben, erscheint das Problem des Glaubens vergleichsweise gering. Und heute hören wir: zu Recht. Würde Sie die Diagnose erschrecken, daß es in unserer Gemeinde mehr Glauben als Liebe gibt? Wenn sie zuträfe, wäre unser Glaube - einschließlich aller anderen edlen Regungen - umsonst. Denn alles ist nichts ohne die Liebe. Auf einer alten Postkarte habe ich diese Worte gefunden:

> *Glaube* ohne Liebe macht fanatisch. *Gerechtigkeit* ohne Liebe macht rechthaberisch. *Wahrheit* ohne Liebe denunziert. *Hilfe* ohne Liebe erniedrigt. *Demut* ohne Liebe macht überheblich. *Verantwortung* ohne Liebe entmündigt. *Freiheit* ohne Liebe macht egoistisch.

Das können Sie sich selbst durch Beispiele reichlich belegen. Und dabei erhebt sich die Frage: Wenn das so ein köstlicher, herrlicher Weg ist, gar ein Weg in die Ewigkeit (weil »die Liebe bleibt«): warum ist uns dieser Weg dann so oft verstellt. Zugespitzt formuliert: Warum fällt es uns leichter zu glauben, daß Gott der Schöpfer der Welt, Jesus für uns gestorben und der Heilige Geist unter uns ist, als daß wir darauf vertrauen, daß die Liebe trägt, heilt und verändert. Oder ist das übertrieben?

Wenn das aber übertrieben ist, warum entschuldigt man sich dann für fehlende oder unzureichende Liebe immer wieder mit dem Hinweis auf die Unabdingbarkeit der Wahrheit oder der Gerechtigkeit oder der Freiheit? Jedenfalls wird die Liebe im allgemeinen eher aufs Spiel gesetzt als andere Werte. Und manchmal scheint es fast so, als ob Menschen froh wären, sozusagen um die Liebe herumgekommen zu sein - weil es ja noch die »Verantwortung«, die »geschwisterliche Hilfe«, den »Glauben« und andere wichtige Dinge gibt.

Es ist schon erschreckend, welche »echten« Glaubensäußerungen möglich sind auch ohne Liebe. Zum Beispiel rastloser diakonischer Einsatz: »Wenn ich alle meine Habe nach Rußland schickte und hätte der Liebe nicht, so wäre mir's nichts nütze« (vgl. 1. Korinther 13,3). Oder gewaltiges Predigen: »Wenn ich mit Menschen- und mit Engelzungen redete und hätte der Liebe nicht, so wäre ich ein tönend Erz...« (vgl. 1. Korinther 13,1). Noch einmal: Wer oder was verstellt uns den Zugang zu jener Erfahrung von Liebe, die Paulus zum Dichter werden läßt?

2. Liebestöter

Vielleicht kann man die vielen möglichen Blockierungen in *zwei Gruppen* zusammenfassen und markieren: *1. Störungen um uns herum,* außerhalb von uns, die uns die Liebe von der Seele und vom Leibe halten, und *2. Blockaden in uns selbst,* Hemmklötze, die uns hindern, um der Liebe willen aus uns herauszugehen. In beiden Fällen handelt es sich um »Liebestöter«, die den Satz, nein, die Wirklichkeit von »Die Liebe höret niemals auf« zu vernichten drohen.

Zum einen liegt zu viel um uns herum, als daß ein Satz wie »Die Liebe höret niemals auf« ungefährdet leben könnte. Wieviele Menschen haben das geglaubt und gehofft, und - in unterschiedlichen Lebenslagen und Zusammenhängen - die Erfahrung machen müssen, wie kurzfristig »niemals« im Sinne einer Zeitbestimmung, beziehungsweise wie brüchig dieser Ausdruck im Sinne einer Qualitätsangabe ist. Diesen Menschen kann ein Satz wie »Die Liebe hört niemals auf« sogar wehtun.

Aber vielleicht ist er für sie um so wichtiger? Beim ersten Hören oder Lesen kann man ihn natürlich verwechseln mit Sätzen wie »Ich werde dich immer lieben« oder »Seid umschlungen Millionen«; aber genau diese Töne schlägt Paulus nicht an. Die Liebe, von der er spricht, ist keine einzelne punktuelle Liebesaktion, sondern eine vorgegebene Wirklichkeit - ein Bett, in dem das Leben im Fluß bleibt, nicht steht, nicht fault. Und was liegt nicht alles in einem Fluß: Geröll, spitze Steine, Gegenstände, die den Fluß aufreißen oder gar umleiten können. Aber sie halten ihn nicht auf. Vor der Liebe zurückzuschrecken, weil sie uns verletzt hat, das hieße für einen Fluß, nicht mehr fließen zu wollen, weil er in Ruhe gelassen werden will. Das wäre sein Ende.

Und damit sind wir bei den »Liebestötern« in uns: Regeln, die sich Menschen nach all ihren Enttäuschungen zurechtgelegt haben. Sie haben Angst vor der Liebe, weil sie Liebe als etwas Bloßstellendes erlebt haben. Als etwas, das im Vergleich zum Investierten wenig eingebracht hat. Also werden jene Räume gemieden, in denen man die Liebe vermutet. Und dann kommt es irgendwann dazu, daß man glaubt, auf Liebe verzichten zu können bzw. verzichten zu müssen. Man kommt auf den wahnsinnigen Gedanken, es billiger und schließlich einfacher haben zu können - ohne Liebe.

3. Liebeschance

Natürlich - Liebe hat etwas Entwaffnendes. Deshalb stellt das Hohelied der Liebe im Grunde vor die Frage: Will ich auf meine Waffen verzichten, um Liebe zu empfangen? Liebe nimmt meine Rechtfertigungsversuche für Mißlungenes nicht zur Kenntnis. Will ich meine Imagepflege fallen lassen, um Liebe zu empfangen?

Die Liebe - bereits, wenn wir sie empfangen - geht unversehens an unsere Wurzeln. Sie ist nicht eine Fähigkeit, die uns unter anderen Fähigkeiten auch noch auszeichnet, sondern eine Kraft, die uns in unserem Denken, Fühlen und Wollen durchsetzt, uns ganz oder gar nicht bestimmt. Wenn das Verantwortungsgefühl, wenn der Gerechtigkeits- oder der Wahrheitssinn eines Menschen nicht aus der Liebe gespeist werden, geraten sie außer Rand und Band. Dann gilt Kurt Tucholskys Bemerkung hinsichtlich des sogenannten ehrenvollen Handelns von Menschen: Man veranschlage keine höheren Motive, wenn es niedrigere gibt.

Was geschah und geschieht alles mit dem Argument der *Verantwortung* für unser Land, im Namen der *Wahrheit* und im Kampf für die *Gerechtigkeit*. Kann es andererseits überhaupt eine Politik, eine Regelung der öffentlichen Angelegenheiten geben, deren verborgenes Grundprinzip die Liebe wäre?

Mielke wurde enttäuscht, als er die Probe aufs Exempel machte. Er mußte zur

Kenntnis nehmen: Selbst Macht ohne Liebe erweist sich im Ernstfall als Lebenslüge. Politik ohne Liebe macht mächtig, aber einsam. Sie kann an die Spitze bringen, aber es ist die »einsame Spitze«, an der für Liebe kein Raum ist. Umgekehrt muß man natürlich vor der Liebe Angst haben, solange man einsame Spitze sein will - und das gibt es ja nicht nur in der Politik. Es gibt Menschen, die sich ganz anderer Rekorde rühmen: des Rekords der Bescheidenheit, des Tiefstgehalts, des Überarbeitungsrekords, des Fleißrekords, des Spendefreudigkeitsrekords.

»... und hätte der Liebe nicht«. Die Liebe, von der hier die Rede ist, gehört nicht in die Reihe zu erbringender Rekorde. Sie ist der Raum, in dem Gott uns unser Leben bescheren will und in dem er uns einlädt, zu bleiben. Darum brauchen wir nach diesem Text nicht loszuziehen mit der Bürde, nun in erster Linie lieben zu müssen, sondern allenfalls mit der Entschlossenheit, auf die Liebe mehr zu setzen als auf alles sonst. Dies schließt das Mißtrauen gegenüber allem, was nicht aus Liebe geschieht, ein.

Deshalb ist und bleibt es ein Risiko, auf die Liebe zu setzen. Denn wer es nicht hinnimmt, dauernd den Lebensraum der Liebe erst verlassen zu müssen, um verantwortlich, wahrhaftig oder gerecht usw. zu sein, wer also etwas, was ihm am Herzen liegt, in den Lebensraum der Liebe zieht, kann natürlich erleben, daß es ihm zerfällt wie die geheuchelte brüderliche Liebe der Kampfgenossen um Mielke. In solchen Enttäuschungen wird es sich aber zeigen, ob es stimmt, daß »die *Liebe* nimmer aufhört«; und es wird sich auch zeigen, was alles getrost aufhören *kann,* weil es weder trägt noch heilt noch Menschen weiterbringt. Weniger von der Liebe zu erwarten als alles, heißt: sie zu verfehlen.

Es ist in diesem Text nicht ein einziges Mal von »Gott« die Rede, auch nicht von der »Liebe Gottes«. Paulus nennt aber eine Situation, in der ich nur standhalten werde, wenn ich von der Liebe gelebt habe: Er spricht von der Erkenntnis, die aus einer Begegnung von »Angesicht zu Angesicht« erwächst und ohne Liebe nicht zustandekommt. Ob das *eine* Angesicht das Angesicht Gottes ist? Oder das Angesicht eines Menschen, den wir mit unserem Verantwortungsgefühl übertrumpft, mit unserer Gerechtigkeit an die Wand gedrückt haben?

Die Frage bleibt offen, gibt aber eine Anregung: Angesichter. Sie regt an zur Aufmerksamkeit gegenüber der Einzigartigkeit Gottes und eines jeden Menschen - und legt die Vermutung nahe, daß der Lebensraum der Liebe zwischen meinem Angesicht und dem Angesicht eines anderen zu finden ist. Das versteht sich in einer Zeit, in der Leben ohne Liebe erklärt werden kann, durchaus nicht von selbst. Ein Evangelium sowohl für Menschen, die ihr Angesicht verbergen, weil sie befürchten, es sonst zu verlieren; ein Evangelium aber auch für jene, die immer die Augen geschlossen halten, weil sie nicht glauben können, in ihrem Leben noch Gesichter und damit Liebe zu finden.

Die Liebe höret niemals auf. Amen.

Befreiung vom Türme-Bauen

(Röm 5, 1-11)

Sonntag Reminiszere (15. März 1992)

Heute wollen wir uns einmal rühmen. Anhaltspunkte dafür finden wir im Predigttext genügend. Dort ist mehrfach vom Rühmen die Rede - und zwar in sehr pointierter Weise. Es geht um ein betontes Sich-Rühmen, eigentlich um das Prahlen mit einer Person oder einer Sache: Wie heute auch, rühmte man sich schon zu Paulus' Zeiten gern seiner Verbundenheit mit bestimmten angesehenen Personenkreisen, z.B. der Vertrautheit mit bekannten Gelehrten oder Repräsentanten des öffentlichen, also auch religiösen Lebens. In heutiger Zeit gilt es eher etwas, seine Zugehörigkeit zu politisch und natürlich wirtschaftlich den Ton Angebenden nachweisen zu können. Ziel solchen Sich-Rühmens ist es denn auch, *zu Ruhm zu gelangen* - zu Ruhm wegen seiner Verbindungen, wegen seiner Kraft, seiner Schönheit, seiner Sportlichkeit, seiner Gelehrtheit, seines Reichtums.

Das Wort, das im Griechischen für »rühmen« steht, hat zugleich auch eine *werbende Bedeutung*. Wer sich irgendeiner Person oder Sache rühmt, preist sie damit auch an und empfiehlt sie weiter.

Diese Bemerkungen zu dem griechischen Ausdruck für »rühmen« scheinen aber das Verständnis des heutigen Textes nur noch zu erschweren. Denn in ihm tönt Paulus:

> »Wir rühmen uns nicht nur der Hoffnung auf die zukünftige Herrlichkeit, die Gott geben wird, sondern wir rühmen uns auch der Trübsale, weil Trübsal Geduld bringt. Geduld aber bringt Bewährung; Bewährung aber bringt Hoffnung; Hoffnung aber läßt nicht zuschanden werden« (vgl. Römer 5, 2b - 5a).

I.

Ganz ehrlich und unter uns: Wer hat das je schon mal gemacht - sich seiner Trübsale, Drangsale, seiner leidvollen Erfahrungen gerühmt, so gerühmt, daß man meinen könnte, er werbe dafür, daß andere auch so etwas erleben? Denn, wie wir gesehen haben, das liegt ja in der Konsequenz solchen Rühmens.

Ich muß gestehen, daß ich das von mir kenne: Ich habe mich meiner Trübsale, meines Kummers gerühmt. Aber leider nicht in dem Sinn, in dem das 5. Kapitel des Römerbriefs geschrieben ist. Es gibt ein weitverbreitetes Prahlen mit schmerzlichen Erfahrungen, von dem uns Gott heute mit dem Evangelium reinigen und heilen will. Ich meine jenes Rühmen, das darauf beruht, daß Menschen sich im Hinblick auf die Härte ihres Lebens, die Bosheit ihres Schicksals usw. überbieten wollen: Mein geringes Gehalt! Geringes Gehalt? Meine hohe Miete erst! Aber meine schwere

Arbeit! Schwere Arbeit? Immerhin hast du welche! Schau dir mal die Leute an, mit denen ich tagaus, tagein zusammenleben muß! Aber ich bin allein! Allein? Ich wäre froh, wenn ich mal meine Ruhe hätte! Ich habe kaum noch Freizeit, ich kann nicht einmal mehr krankmachen, weil ich sonst nicht mehr konkurrenzfähig bin!

Man wetteifert um den Ruhmestitel »größter Dulder«. Menschen rühmen sich ihrer Bedrängnisse - aber nicht etwa, um damit zu werben, nicht, weil sie ihrem Leid etwas Gutes abgewinnen könnten, sondern weil sie damit ihre eigene Größe und den ungenügenden Einsatz der anderen herauskehren wollen. Das Ziel, das sie dabei verfolgen, besteht darin, Bewunderung zu ernten. Allein deshalb ist es ein Wert für sie, als vom Leben Benachteiligter zu gelten. »Gewinner« in solchen Debatten ist der, der am plausibelsten erklären kann, weshalb es ihm noch schlechter geht.

Solchen selbsternannten Märtyrern des Lebens geht es auch nicht darum, diese Erfahrungen etwa abzustellen, also aus der Trübsal herauszukommen; sondern sie empfinden den Sieg im Wettstreit »Anerkannter Leider« als einen eigenen Lebenswert. Und dabei haben sie keinen Blick für den egoistischen Zug ihrer Bekümmerchen und sind nicht bereit zu glauben, daß sie im Grunde nur unter sich selbst leiden.

Das trifft auch für viele der früheren Gespräche zwischen Menschen aus Ost und West zu. Erinnern Sie sich noch an das Spiel des Türme-Bauens? Da wird hochgestapelt mit allen erdenklichen Bürden, die das Leben zu bieten hat. Sprach der eine von seinem niedrigen Gehalt, trumpfte der andere mit seiner teuren Wohnung auf usw. Wie war das schlimm und schade um die Zeit. Und wie schlimm ist es, daß jetzt all diese Gespräche »auf höherem Niveau« wieder in Gang kommen und die Hochstapelei kein Ende zu nehmen scheint.

II.

Der heutige Text zeigt einen Weg, über diese Rangeleien hinauszukommen. Nicht, weil es für Christen nichts zu leiden gäbe, sondern weil Christus deshalb für uns gestorben ist, um uns damit die Aussicht auf ein *Ende* unseres Leides zu eröffnen. Daß Paulus sich der Drangsale rühmt und spürt, daß sie seine Hoffnung nicht zunichte machen, sondern sogar wecken und festigen können, hat mit der Gewißheit zu tun, daß dieses Leiden zeitlich begrenzt ist.

Das Leiden an sich ist nur für den ein Wert, der sich darauf spezialisiert hat, damit seine Persönlichkeit zu profilieren. Das Leiden *stärkt* aber nicht von sich aus die Hoffnung, sondern weil es den Glaubenden dazu herausfordert, immer wieder neu die Frage nach seinem Heil zu stellen - weil dem Glaubenden sozusagen immer wieder *die* Arbeit verschafft, die er braucht, um nicht von Formeln, sondern »von der zukünftigen Herrlichkeit Gottes« zu leben.

In diesem Evangelium liegt auch die Ermutigung, jenes „Türme-Bauen" aufzugeben. Denn wir sollen unsere Kraft nicht ins *Leiden* investieren, sondern in unsere Geduld und in unsere Hoffnung. Mancher Mensch verschleißt seine Kraft in der

Dokumentation seiner Trübsal. Paulus erinnert ihn daran: So wahr ein Christ um leidvolle Erfahrungen, auch um Sticheleien seines Glaubens wegen, nicht herumkommt, so wahr hat Jesus das Leiden am Kreuz gerade nicht veredelt, sondern ein Höchstmaß (oder sollten wir sagen: ein Tiefstmaß) der Trübsal erreicht, das wir weder zu überbieten brauchen, noch können, noch sollen. Und deshalb kann es für Paulus schließlich nur noch einen Ruhm geben. Am Ende des Textes heißt es zusammenfassend: *»Wir rühmen uns Gottes.«*

III.

So mit dem Leid umzugehen, so Trübsalen zu begegnen, wird ohne große Worte etwas Werbendes haben. Dann werden Menschen aber nicht für das Leiden, sondern für Gott und damit für die Hoffnung gewonnen, aus der jedermann schöpfen kann, jeder, der sich an die Drangsale Jesu Christi erinnert. Auch in dieser Hinsicht trägt der heutige Sonntag seinen Namen: »Reminiszere« - »Gedenke!«

Es ist aber noch - der Ähnlichkeit und der Verwechslungsgefahr wegen - von einer anderen Art des Rühmens der Drangsale zu reden, von einem Rühmen des Leids, mit dem Menschen dazu bewogen werden sollen, sich der Trübsal hinzugeben. Es kommt immer wieder vor, daß das Leid und der Verzicht von denen als Tugend gepredigt werden, die von derlei Lebenserfahrungen nicht betroffen sind. Unter Chefideologen, Unternehmern, auch unter kirchlichen Amtsträgern sind sie zu finden. Sie profitieren in irgendeiner Weise davon, daß es Drangsale gibt - und rühmen sie darum als wertvolle Lebenserfahrung.

Demgegenüber muß bei einem Text wie dem heutigen ganz klar festgehalten werden, daß so, wie Paulus von den Drangsalen redet, nur aus dem Munde Betroffener geredet werden kann. Zu oft sind das Leidenkönnen und die Geduld von denen als Weg zur Lebens- und Gotteserfahrung gepriesen worden, die insgeheim eine Rechtfertigung für ihre religiöse oder psychologische oder wirtschaftliche Unterdrückung suchten. Wir müssen Paulus hier sehr genau lesen. Er redet nicht zufällig ausschließlich in der Wir-Form, redet also nicht auf andere ein. Nirgends ein »Da-müßt-*ihr*-durch!« Kein »Stellt-euch-mal-nicht-so-an!« Kein »Nun-reißt-euch-mal-zusammen!« Nein, das Rühmen der Trübsale kann und darf nicht als Appell verstanden werden, sondern ist eine Folge, die sich einstellt, wenn Menschen selbst auf den Grund ihrer Hoffnung stoßen.

Während die Machthaber der Welt ihren Völkern Erlösungshoffnungen *verordnen*, ohne ein Interesse daran zu haben, daß die Bedrängnis zu einem Ende kommt, *bezeugt* Paulus eine Erlösungshoffnung, die davon genährt wird, daß einer nicht *ihr,* sondern *ich* gesagt hat, als es galt, am Kreuz ein für allemal die Trübsal zu begrenzen. Wir haben die Wahl. Amen.

Dem Kadavergehorsam entkommen
(Hebr 5, 7-9)
Sonntag Judika (5. April 1992)

In den vielen persönlichen und offiziellen Debatten um die allmähliche Erlangung der deutschen Einheit ist eine Tugend wieder ins Gespräch gekommen, die für viele Zeitgenossen längst nicht mehr aktuell zu sein schien. Die Tugend des Hören-Könnens, des Zu-Hörens, des Hin-Hörens.

Immerhin leben wir im Zeitalter der Diskussion. Man möchte am liebsten gleich und bei allem mitreden - worum es auch geht. Alles und jedes wird gemeinschaftlich »ausdiskutiert«. Der Wissensvorlauf des einen wird scheinbar immer seltener von einem anderen als Argument dafür akzeptiert, etwas gesagt zu bekommen, hinhören zu sollen. Kurz: Wer läßt sich schon gern etwas sagen?

Bis zu einem gewissen Grade ist solche Hörverweigerung verständlich. Wenn Sie genötigt werden, Menschen zuzuhören, von denen Sie mit Sicherheit wissen, daß die es auch nicht wissen können - z.B. weil sie nicht »dabei waren« -, dann haben Sie vielleicht auch schon gemerkt, daß Sie gar nicht zuhören *können*. Die allgemeine Hörverweigerung des Menschen sitzt aber tiefer und hat ihre Ursache weniger in der Annahme mangelnder Sachkompetenz; sondern jeder Mensch weiß und hat es auch erlebt, daß Hinhören schließlich *Gehorchen* bedeuten kann. Denn nur wer hinhört, kann gehorsam sein. Gehorsam kommt am Ende gar vom vielen Hören. Vielleicht kann man den Gehorsam schließlich als den Höchstfall des Hörens verstehen.

Sieht sich ein Mensch schon allein durch das Hin-Hören-Sollen in seiner Freiheit und seinem Recht auf Selbstbestimmung eingeengt, so muß er diese seine Werte erst recht gefährdet sehen, wenn es ums Gehorchen geht. Die Gründe, die ihn von Fall zu Fall davon abhalten, zu gehorchen, sind dieselben wie die, die das Hinhören erschweren: Wer hat mir etwas zu sagen? - Bei dem, was ich durchgemacht habe? Bei den Erfahrungen, die ich gesammelt habe? Bei meinem Verstand? Mir etwas sagen - das könnte nur einer, der Gleiches durchgemacht und wenigstens ebensoviel erlebt hat, der mein Leben geteilt hat und weiß, was er fordert, wenn er Gehorsam fordert.

I.

Gibt es jemanden, von dem Sie sagen könnten, daß Sie ihm gehorchen würden, wenn er etwas von Ihnen forderte, worüber Sie sonst allein bestimmen? Gibt es einen Menschen, demgegenüber Sie so etwas wie ein »Gehorsamsgefühl« entwickelt haben?

Diese Frage ist vielleicht etwas zu persönlich, als daß man hier darüber sprechen und Auskunft über seine womöglich geheimen Autoritäten geben würde. Aber ich möchte wetten - wenn Sie überhaupt jemanden in Erwägung gezogen haben -, Sie haben an jemanden gedacht, von dem Sie glauben, daß er sich in Ihre Lage versetzen und der wahrscheinlich selbst gut zuhören kann. Es ist jemand, der womöglich nicht einmal ausdrücklich Ihren Gehorsam fordern würde, aber Sie hören ihm oder ihr so genau zu, daß das auch gar nicht nötig ist.

Was bewegt Menschen dazu, *Gott* zu gehorchen? Ihre religiöse Ehrfurcht, in der und zu der sie erzogen wurden? Angst vor den unberechenbaren Strafen eines sich im Verborgenen aufhaltenden Gottes, mit dem man sich besser nicht anlegt? Um den Ernst dieser Frage deutlicher zu sehen, kann man auch fragen: Was bewegt Menschen dazu, Gott den Gehorsam zu verweigern? Einige Antworten habe ich im Ohr: Weil er sich nicht um mich kümmert. Weil er ein Leben voller Entsagungen fordert. Weil er gut Befehlen hat als Gott, der nicht weiß, was Gehorsam kosten kann. *Konstantin Wecker* singt in einem an Gott gerichteten Lied:

> »Gib's doch zu: Du tätst das auch net mögen: Dein Leben lang bloß tun, was die andern sagen. Und siehst du's: Genau darüber müssen wir zwei jetzt mal ein Wörterl reden. Ich, ich hab das auch nie vertragen [...] Jetzt möcht' ich auch mal ganz vorn anfangen. Lieben, laut sein, und mich beschwern. Ich bin doch allmal bloß am Bandel g'hange. Jetzt misch ich mit. Jetzt möcht ich bläern. Auch mal ein Leben lang mir selber g'hörn. Ich weiß, ihr da droben habt's furchtbar Angst davor. Doch jetzt, jetzt werd' ich mich wehrn. -Aber das hätt' ich mir ja denken können: So voll steigst du darauf nicht ein [...] Aber das war halt schon immer so: Du bist der Chef. Und wir soll'n brav Ja dazu sagen, und ziehen und schleppern euern Karrn. Doch glaub mir's, das regt uns schon lange auf. Zum Teufel mit der Duckerei.«

Gehorsam wird hier als etwas verstanden, was dem Leben das Wasser abgräbt. Gehorsam als Bestandteil der Tyrannei. Gehorsam als Bevormundung, als Entmündigung.

II.

Liebe Gemeinde, wie auch immer es zu *diesem* Bild vom christlichen Gehorsam gekommen ist, wieviel lieb- und gedankenlose Moralpredigt, wieviel Deutschtümelei, wieviel Machterhaltungswahn auch immer dazu beigetragen haben mögen, daß Gehorsam gegen Gott *so* verstanden und sogar mit Kadavergehorsam verwechselt werden kann - dieses Bild ist ein Ungetüm, ein Gespenst, das Menschen, die Gott irgendwie gehorsam sein *wollen,* zur Verzweiflung bringen kann. Geben Sie dieses Bild vom Gehorsam auf, wenn Sie es irgendwo in Ihrem Gedächtnis oder in Ihren Erinnerungen herumhängen haben. Dulden Sie es keinen Tag länger in den Zimmern oder Fluren Ihres Lebensgebäudes. Ersetzen Sie es durch ein anderes:

Hebräer 5, 7-9: »Als Christus Mensch war, hat er sich laut schreiend und unter Tränen an den gewendet, der ihm aus dem Tod helfen konnte. Er wurde erhört, weil er Gott in Ehren hielt. Obwohl er also Gottes Sohn war, lernte er den Gehorsam durch alles das, was er zu durchleiden hatte. Durch seine Vollendung wird er denen, die *ihm* gehorsam sind, zum Urheber ihres bleibenden Heils.«

Dieses Bild von einem Christus, der nicht »von Hause aus« gehorsam war, ist uns wahrscheinlich nicht sehr geläufig. Im heutigen Predigttext wird ein Bild entworfen, in dem Christus - weil *von Hause aus Mensch* - den Gehorsam erst *lernen* muß. Im Leben Jesu gibt es also nicht nur meditationswürdige Stationen, sondern auch Lektionen. Unter Tränen buchstabiert er, daß es anders kommt (Matthäus 26,39). Zur Entscheidung herausgefordert, sieht er, daß er anders kann. Vor die Wahl gestellt, entscheidet er sich zum Gehorsam.

Diesen Mann und seinen Lebensweg vor Augen, frage ich mich: Woraus erwächst solcher Gehorsam? Aber ich frage das nicht mit dem Interesse, die der Ängstliche oder der Moralapostel oder Verfechter der guten Sitten am Gehorsam haben. Sondern die Frage drängt sich auf, weil dieser Gehorsam etwas hat, was ich auch gern hätte in Anbetracht all der Lektionen, die *mir* fortwährend erteilt werden, die einem die Tränen in die Augen treiben können - seien es nun die Tränen der Wut oder der Trauer. Lektionen, die ich nie und nimmer lernen will, weil sie unmenschliche Diktate sind, denen ich nicht folgen kann.

III.

Ich frage also nach dem Gehorsam Jesu nicht, weil ich das Zeug zum Märtyrer hätte, sondern weil ich Jesus in seinem Auftreten, Reden und Handeln als imponierend eigenständig erlebe. Jesu Gehorsam hat etwas im guten Sinn des Wortes Bestechendes: Während der Kadavergehorsam von Menschen geübt wird, die keine Lektionen mehr lernen wollen, deren Gehorsam nur den Sinn hat, allem Unangenehmen zu entkommen und sich Tränen zu ersparen, von Menschen, die ein eigenes Leben nach eigenen Überzeugungen aufgegeben haben und sich nur deshalb verleugnen, weil sie ihre Ruhe haben wollen, gegenüber solchem Gehorsam ist der Gehorsam Jesu ein Akt höchster Eigenständigkeit. Die Kehrseite seines Gehorsams ist eine beneidenswerte Unabhängigkeit.

Wie wird sie erlangt? Machen wir doch die Erfahrung, daß es mit dem aufmerksamen Hinhören oft noch längst nicht getan ist. Das Hören bringt nicht automatisch den Gehorsam hervor, auch dann nicht, wenn man von der Wichtigkeit oder Richtigkeit einer Sache überzeugt ist, die durch den Gehorsam gegenüber Gott vorankäme. Deshalb muß auch unser Gehorsam gegen Gott tiefere Wurzeln haben als die, die wir beim vielbeschworenen »Hören auf das Wort« schlagen können.

Um Ihnen zu verdeutlichen, worum es hier geht, möchte ich auf einen weiteren sprachlichen Zusammenhang verweisen, in dem der Begriff Gehorsam bzw. gehorchen steht: Ebenso wie mit Hören, hat das Gehorchen mit *Gehören* zu tun. Fruchtbares Hören setzt ein unangefragtes Zusammengehören voraus. Und dieses Zu-jemandem-Gehören findet im Gehorsam seine tiefste Verwirklichung. Gehorsam ist die Praxis eines radikalen Zueinandergehörens. Echten Gehorsam kann es also nur dort geben, wo es ein echtes Zusammengehören gibt. Wer einen Menschen tyrannisiert und von ihm Gehorsam fordert, meint Unterwerfung, nicht Gehorsam. Und wo das Zueinandergehören keine Grundlage hat, ist Gehorsam nicht nur nicht möglich, sondern auch nicht geboten, ja, zu verweigern.

Und hier zeichnet sich die Kraft ab, mit der Jesus vielen anderen Gehorsamsforderungen - z.B. des Staates oder der Religion - widerstanden hat. Sie gründete in der Erfahrung, *daß er jemandem gehörte,* daß er gehört wurde. Er lebte aus einer Zugehörigkeit, die ihn hielt - die ihn schließlich auch davon abhielt, um Jerusalem einen Bogen zu machen.

Gehorsam, wie ihn Jesus vorgelebt hat, ist also keine *Bedingung,* die Jesus zu erfüllen hatte, um Gott gnädig zu stimmen; sondern sein Gehorsam ist *Folge* einer Zugehörigkeit, die ihn unbestechlich machte gegen das verlockende Angebot, einsame Spitze zu sein (vgl. die *Versuchungsgeschichte* in Matthäus 4). Der Ruhm, niemandem gehorsam sein zu müssen, ist ein trauriger Ruhm; denn er beinhaltet letztlich, niemanden zu hören und niemandem zu gehören als sich selbst. Für wen und wozu dann aber die unausbleiblichen Lektionen und das Leid? Für wen und wozu dann die Trauer und die Tränen? Sie würden weder irgend etwas ändern, noch irgendwem helfen.

Am Ende des Predigttextes wird vom Gehorsam der Menschen gegenüber Jesus gesprochen. Dieser Gehorsam wird nicht eingeklagt. Er wird nicht beschworen. Er wird nicht befohlen. Sondern es heißt feststellend: Für die Menschen, die sich auf den Gehorsam gegenüber Jesus einlassen, wird Jesus zur Lebensursache (vgl. V. 9). Zur Verkörperung jener Kraft, die aus der Zugehörigkeit zu Gott stammt und das eigenständige Ja und Nein nicht behindert, sondern ermöglicht. Gott schickt uns in unsere leidvollen Erfahrungen keine Tagesbefehle zum Durchhalten, sondern einen Christus, der seine Lektionen lernt und an uns weitergibt.

Daß Gehorsam nichts anderes bedeutet, als unsere Zugehörigkeit zu Gott mit Leben zu erfüllen statt sie preiszugeben, versteht sich nicht von selbst. Diese Wahrheit muß immer wieder neu errungen - gelernt werden. Solches Lernen wäre dann aber wirklich ein »Lernen fürs Leben«. Schenke uns Gott Erfolg. Amen.

Zitat auf Seite 98 aus: Konstantin Wecker, Ich will noch eine ganze Menge leben.
Ehrenwirth Verlag GmbH & Co. KG 1978

Nicht wiederzuerkennen
(2. Kor 5, 15-18)
Karfreitag (17. April 1992)

Wenn ich heute - anders als sonst - beim Predigen einmal das »Du« verwende, um Sie anzusprechen, dann bitte ich Sie, mich nicht mißzuverstehen. Ich meine nicht das nachsichtig-verständnisvolle »Du« eines geistlichen Vaters, nicht das zurechtweisende »Du« eines Moralpredigers, nicht einmal das draufgängerische »Du« eines Missionars, sondern ein »Du«, das in einer unausgesprochenen Solidarität gründet. Ich meine ein »Du«, das nicht aufgrund eines Unterschieds zustandekommt, sondern aufgrund von Gemeinsamkeiten. Ich denke dabei z.B. an das »Du« unter Patienten im Krankenzimmer, das auf vergleichbaren Schicksalen beruht, oder an das »Du« unter Kollegen, das man gebraucht, weil man in gewisser Hinsicht auf einer Ebene steht. Wir haben *bestimmte* Erfahrungen gemeinsam, und wenn man sich auf dieser Ebene verständigen will, trifft man mit dem »Du« den Ton besser als mit dem »Sie«. Deshalb - heute, zum Karfreitag - »Du«.

»Du bist ja nicht wiederzuerkennen!« Man muß schon genau hinhören, um mitzubekommen, was einer meint, wenn er das sagt: »Du bist ja nicht wiederzuerkennen.« In diesem Satz können sowohl Freude und Bewunderung wie Ironie und Verachtung mitschwingen. »Du bist nicht wiederzuerkennen. Du bist ja ein ganz anderer geworden!« - Das ist das Thema, dessentwegen ich auf das »Du« gekommen bin. Es geht um den *Wunsch*, das *Recht* und die *Möglichkeit*, ein anderer zu werden.

I.

Ich will und kann dir diesen Wunsch nicht einreden und dir damit Gewalt antun. Aber erst recht solltest du dir *selbst* keine Gewalt antun und diesen Wunsch nicht ersticken, wenn er dir vertraut ist.

Mir ist dieser Wunsch, ein anderer zu werden und zu sein, nicht fremd, und manchmal leide ich unter ihm. Selbst, wenn ich einmal alles das abziehe, was andere an mir gern sehen möchten, was die Familie, was Freunde, was die Kirche oder der Staat von mir vielleicht zuviel erwarten mögen: es bleibt immer noch eine ganze Menge, was ich selbst an mir ändern möchte, was ich nicht ausstehen kann an meiner Art, was ich eigentlich überwinden möchte.

Ich denke aber auch an den einen oder die andere unter uns - wenn du's nicht bist, dann laß uns gemeinsam an einen dritten denken, für den diese Frage in der letzten Zeit besonders akut geworden ist. Für ihn verbindet sich der Wunsch, ein anderer zu werden, mit dem Wunsch, sich auch mit seiner Vergangenheit, mit seiner Lebensgeschichte zu versöhnen, eben um als anderer weiterleben zu können - nicht als der,

der er vorher war.Was hältst du von diesem Wunsch, wenn du siehst, wie ein *anderer* versucht, ihn sich zu erfüllen? Schaust du ihn dir an und denkst:»Das darf doch nicht wahr sein! 20 Jahre lang so und seit zwei Jahren so. Unglaublich. Als wäre er nie ein anderer gewesen. Er tritt anders auf, sagt etwas anderes, hat andere Freunde, besucht andere Veranstaltungen. Virtuose der Anpassung. Lebt so, als hätte es nie ein Früher gegeben. Als wäre er eben erst vom Himmel gefallen. Als verstünde es sich von selbst, streift er alles ab, was ihn vorher prägte. Der ist nicht wiederzuerkennen!« In solchen Sätzen schwingen auch traurige Klage und zornige Empörung.»So leicht darf es doch nicht sein, denjenigen loszuwerden, der man früher einmal war!«

Was meinst du? Sollte jeder wiedererkannt werden als der, der er einmal war? Muß sich jede wiederzeigen, so, wie wir sie kennen, so, wie sie sich immer gezeigt hat? Von der Beantwortung dieser Frage hängt viel ab. Es ist viel abzuwägen, bevor man hierzu ein Ja oder Nein bildet. Als einen Gesprächspartner in dieser Angelegenheit möchte ich den Text des diesjährigen Karfreitag einbeziehen:

II.

»Christus ist deshalb für alle Menschen gestorben, damit sie in ihrem Leben nicht mehr auf sich allein bezogen, sondern für den leben, der für sie gestorben ist und auferweckt wurde. Das heißt aber: Wir kennen von jetzt an niemanden mehr so, wie er als Mensch für sich selbst ist [...]. Wenn nämlich jemand in Christus ist, so ist er eine Neuschöpfung. Das Alte ist vergangen. Etwas Neues ist entstanden. Das alles aber hat Gott in die Wege geleitet. Die Geschichte Jesu Christi schreibt Gott als Geschichte seiner Versöhnung mit der Welt. Dank dieser Geschichte hat Gott darauf verzichtet, unsere Geschichten aufzuwärmen, und hat stattdessen das Wort von der Versöhnung unter uns aufgerichtet«(vgl. 2. Korinther 5, 15-18).

Karfreitag ist der Tag deines »Rechts, ein anderer zu werden« und zu sein (vgl. auch Harald Nehb, in: Predigtstudien II/1, Kreuz Verlag 1991/92, 231). Ein anderer nicht nur im Hinblick auf dein persönliches Leben, sondern auch im Hinblick auf deine mit anderen Menschen zusammenhängende Geschichte. Für Paulus, aus dessen Feder der heutige Predigttext stammt, war es jedenfalls wesentlich, daß das Kreuz auch Versöhnung mit seiner Vergangenheit bedeutete. Was sollte das Kreuz, fragt Paulus an anderer Stelle, wenn es mich nicht gerade auch von dem erlösen könnte, der ich einmal war?

Gleichzeitig hat Paulus erlebt, wie er als anderer abgelehnt wurde; er begegnete Mißtrauen und machte die Erfahrung, daß ihm andere sein neues Leben bestritten. Diese Erfahrung steht sicherlich mit im Hintergrund, wenn Paulus in seinem Brief erklärt: Ob der eine oder die andere von uns jemand anderes wird, ob für dich gilt: »Das Alte ist vergangen, siehe, etwas Neues ist entstanden« - das entscheiden nicht zuerst die anderen. Das ist nicht denen anheimgestellt, die ein Urteil über dich zu fällen belieben, das entscheidet auch nicht eine Mehrheit, sondern das entscheidet in erster Instanz Gott selbst. In zweiter Instanz wird diese Entscheidung zwischen Gott und dir besprochen - so offen, daß du ein Veto einlegen kannst - und dann, in dritter Instanz, mögen sich andere dazu äußern.

Bei diesen Instanzen ist die vorausgehende jeweils zugleich die Bedingung für die nächste; das heißt: Die Möglichkeit, mich gegebenenfalls dazu zu entscheiden, ein anderer zu werden, hätte ich ohne Karfreitag nicht. Aber so gewiß ich diese Möglichkeit nicht ergreifen muß, so gewiß mache ich den Karfreitag auch nicht ungeschehen. Und schließlich: Sosehr dich andere wegen deiner Entscheidung, ein anderer zu werden, belasten mögen, sosehr sie dich regelrecht hindern mögen, ein »Neuer« zu sein, sie können nicht wieder alles »alt« machen. Der Karfreitag hat hier - in Form des Kreuzes - einen Riegel vorgeschoben. Und wie das?

Wer sich in irgendeiner Hinsicht auf den Karfreitag beruft, wenn er gefragt wird, »Wie kommst du dazu, ein anderer zu werden?«, muß Auskunft geben können. Nicht zuletzt um der eigenen Vergewisserung willen. Selige Karfreitagssüße taugt hier nicht. Im Gegenteil - sie verstellt den Blick auf das Ereignis und den Zugang zu der Frage, was Jesus als zerschundener Leichnam am Kreuz zu suchen hat. Was würdest du sagen? - Haben wir einen rachsüchtigen, blutrünstigen Gott, der Menschenopfer fordert? Aber dann wäre ja Karfreitag nicht zustandegekommen um deinetwillen, sondern eines rasenden Gottes wegen, der durch ein grausames Opfer gnädig gestimmt werden muß. Das glaube ich nicht. Gott - und Menschenopfer? Nein, das paßt nicht zusammen. Wer aber bleibt sonst noch übrig - als Menschenopfer-Darbringer? Wir. Nicht Gott - ich bin es, mit vielen anderen, auch mit dir, wir sind's, die Menschen opfern. Hungertote in der Zweidrittelwelt als Opfer einer von uns mitpraktizierten »Weltwirtschaftsordnung«; Verkehrstote als Opfer unseres egoistischen Dranges nach Freiheit und Macht, Kriegstote als Opfer für »Sicherheit«, Versuchstiere als Opfer für unser Bedürfnis nach Schönheit. Nicht Gott, wir fordern unsere Opfer. Auch für unsere Schuld brauchen wir ein Opfer, den Sündenbock.

Da wird Karfreitag. Und »Christus läßt sich auferlegen, was wir jenen auferlegen, die wir zum Opfer für unsere Schuld machen« (Martin Klumpp in: Predigtstudien II/1, Kreuz Verlag, 1991/92, 236). Dann ist der Tod Jesu nicht die Blutspur Gottes; sondern der am Kreuz zu Tode Geschundene entspricht unserer Opferpraxis. Sie ist Ausdruck unserer tiefen, lederhäutigen Unversöhnlichkeit. Auf dem Hintergrund dieser unserer Unversöhnlichkeit schneidet der Korintherbrief das Thema unserer Versöhnung und unserer Verwandlung an:

»Christus ist deshalb für alle Menschen gestorben, damit sie in ihrem Leben nicht mehr auf sich allein bezogen, sondern für den leben, der für sie gestorben ist und auferweckt wurde. Das heißt aber: Wir kennen von jetzt an niemanden mehr so, wie er als Mensch für sich selbst ist [...]. Wenn nämlich jemand in

Christus ist, so ist er eine Neuschöpfung. Das Alte ist vergangen. Etwas Neues ist entstanden. Das alles aber hat Gott in die Wege geleitet. Die Geschichte Jesu Christi schreibt Gott als Geschichte seiner Versöhnung mit der Welt. Dank dieser Geschichte hat Gott darauf verzichtet, unsere Geschichten aufzuwärmen, und hat stattdessen das Wort von der Versöhnung unter uns aufgerichtet« (vgl. 2. Korinther 5, 15-18a).

III.

Ein anderer zu werden hat damit zu tun, in Anbetracht des Kreuzes versöhnlich zu werden. Wenn das ein Evangelium sein soll, dann kann es sich nicht auf die Auskunft beschränken, daß ein anderer zu werden bedeutet, davon freizukommen, um eigener Wünsche oder persönlicher Schuld willen andere zu opfern. Es kann sich auch nicht in der Aufforderung zu mehr Versöhnungsbereitschaft erschöpfen. Denn Evangelium bedeutet immer Lebensmöglichkeit und Lebensweg in einem. Vielleicht könnten wir es so formulieren: Das Recht, ein anderer zu werden, wird wahrgenommen, wenn du anfängst, dir zu gestatten, auf das Opfern zu verzichten. Vom Karfreitag her zu leben hieße dann: Gebrauche keine Opfer mehr, weil du keine mehr brauchst! Du hast sie ja nur gebraucht in der Angst, daß sonst du das Opfer wärst. Und heute lesen wir im Neuen Testament: Gott will uns nicht als Menschen-Opfer, sondern als Menschen - ohne Opfer.

Zu der ausdrücklichen Erlaubnis, einer zu werden, der keine Opfer mehr braucht, gehört denn auch, daß *du* dich nicht mehr zu opfern brauchst. Hör auf damit, dein Leben deinen ehrgeizigen Selbstbildnissen zu opfern, denen du doch nie entsprichst. Hör auf, dich für deine Idealbilder zu opfern, in denen du dich vergebens suchst. Laß dich versöhnen mit dem Menschen, den Gott mir dir gemeint hat.

Kommen wir zum Schluß noch einmal auf den zu sprechen, an den wir - jeder für sich - vorhin gedacht haben, auf den, der so auftritt, als sei er ein anderer geworden: Wir werden ihm nicht gerecht, wenn wir sozusagen all die Opfer abschreiten, die er auf seinem Lebensweg um seiner selbst willen geopfert hat: Menschen und Geschichten, die seinen Lebensweg wie eine traurige Hinterlassenschaft säumen. Ich fürchte, wir haben den Karfreitag noch nicht recht verstanden, wenn wir nicht gelten lassen, daß sich Gott auch in die Geschichte gerade dieses Menschen eingegliedert hat - so, als hätte Christus zu ihm gesagt: »Du muß dein Opfer haben? Ich bin bereit.« Nach Auskunft des Korintherbriefs fängt so die Verwandlung und Versöhnung eines Menschen an. Auch bei dir. Auch bei mir.

Dies für die Geschichte - und für die alten Geschichten eines Menschen geltend zu machen, heißt ja nicht, sie zu leugnen. Im Gegenteil: Eben weil Menschen Geschichten durchleben, gehört es dazu, daß es einschneidende Veränderungen - ja, daß es völlige Kehrtwendungen gibt. Merkwürdigerweise behindern oftmals dieselben Menschen, die jemanden mit dem Verweis auf seine Geschichte auf eine bestimmte Person festnageln wollen, zugleich das Entstehen einer neuen Geschichte. Sie widersprechen sich selbst, wenn sie einerseits die Geschichte beschwören, ihr jedoch andererseits einen Deckel auflegen. Aber so gewiß niemand geschichtenlos ist oder so tun kann, als wäre er ein unbeschriebenes Blatt, so gewiß gehen Geschichten doch weiter.

Gott sei Dank, der die Geschichte Jesu Christi mit unserer verbunden hat und sie als Geschichte seiner Versöhnung mit der Welt schreibt.

»Dank dieser Geschichte hat Gott darauf verzichtet, unsere Geschichten aufzuwärmen, und hat stattdessen das Wort von der Versöhnung unter uns aufgerichtet.« Amen.

Was tut ihr alles?

(Kol 3, 17)

Morgenfeier zur Greifswalder Bachwoche am 30. Mai 1992

Alles, was ihr tut mit Worten oder mit Werken, das tut alles im Namen Jesu, und danket Gott, dem Vater, durch ihn (Kolosser 3,17).

I.

In Anbetracht der großen Runde und des Aufwandes, mit dem wir heute hierhergekommen sind, von sonstwoher, mit Koffern und Instrumenten bepackt, freiwillig, angesichts des Eifers und der Liebe, mit der sich viele von uns auf diese Tage vorbereitet haben, kann man sicherlich unterstellen, daß das Maß der Übereinstimmung zwischen dem, was uns am Herzen liegt, und dem, was wir tun, zu dieser Stunde sehr hoch ist. Ich glaube, das ist eine der schönsten Erfahrungen, die Menschen machen können. Wenn es glückt, daß das, was sie tun, mit dem übereinstimmt, wozu sie sich berufen fühlen, was sie mit ihrer Person, mit ihrem Namen vertreten können - das ist Glück.

Aber wann werden Sie schon danach gefragt, ob Sie sich wirklich in all dem wiedererkennen können, was Sie tagaus tagein zu reden und zu tun haben?! Die Flut der Pflichten, die Ihnen im Laufe Ihres Lebens zugewachsen sind, die Erwartungen, die andere an Sie richten, die Pläne, die mit Ihnen realisiert werden sollen, die Bruttosozialprodukt-Maschine, in der Sie ein kleines Rädchen sind - manchmal kommt diese Wirklichkeit einfach über uns, drückt uns nieder. Und wir kommen manchmal erst wieder hoch, wenn wir uns ihr »gestellt«, wenn wir uns ihr »ergeben« und uns dabei wider Willen verleugnet haben.

Wir hören in dieser Morgenfeier eine Kantate mit dem Leitsatz: »*Alles, was ihr tut mit Worten oder mit Werken, das tut alles im Namen Jesu, und danket Gott, dem Vater, durch ihn.*« Was sind das für Erfahrungen, was ist das für eine Lebenswirklichkeit, für die dieser Satz von Belang sein könnte? *Alles, was ihr tut mit Worten oder mit Werken, das tut alles im Namen Jesu.* Das klingt nach einem sehr hohen Ideal. Und wie bei so vielen anempfohlenen hohen Idealen erweckt auch dieses das Gefühl der Überforderung. Es hört sich an wie eines jener christlichen Idealprinzipien, von denen man im Grunde genau weiß, daß man ihnen ewig hinterherhinken, sie nie einlösen wird.

Alles, was Sie tun mit Worten oder mit Werken - tun Sie das einmal alles im Namen Jesu, in seinem Sinn! - Wir haben die Erfahrung machen müssen, daß unsere Worte und Werke noch nicht einmal immer im Einklang mit unseren *eigenen* Überzeugungen, Vorstellungen und Wünschen stehen. Es kommt vor, daß ich etwas tue mit Worten oder mit Werken, daß ich etwas mit meiner Person, mit meinem Namen in

Verbindung bringe, obwohl ich spüre, daß sich dafür mein Name - meine Person - überhaupt nicht eignet. Das hat nichts mit Heuchelei, sondern eher mit Hilflosigkeit gegenüber Situationen zu tun, die anscheinend nur »mit Worten oder Werken« bewältigt werden können.

II.

Der Eindruck, sein Leben in Allerweltsnamen - nur nicht in seinem eigenen - gestalten zu müssen, kann sich im Leben eines Menschen festsetzen und ihn krank machen. Manche Schizophrenie, die furchtbare Entdeckung, nicht mehr genau zu wissen, wer man eigentlich ist und was man will, hat in dieser Erfahrung ihre Wurzeln. Wer zu lange und zu intensiv mit Dingen befaßt wird, gegen die er sich innerlich sträubt, Dinge, mit denen er nicht wirklich übereinstimmt, ist bald keine Person mehr, in deren Namen er etwas tun könnte. - Aber vielleicht gehören Sie zu den Glücklichen, die das sichere Gefühl haben, die richtige Frau oder der richtige Mann für das zu sein, was Sie tun?

Wie dem auch sei, ich verstehe das Motto der Kantate - das schon ein prägendes Motiv im Brief des Paulus an die Kolosser war - als ein »Sanierungskonzept« für unser Reden und Tun.

Alles, was ihr tut mit Worten oder mit Werken, das tut alles im Namen Jesu, und danket Gott, dem Vater, durch ihn.

Das sollten wir uns auf der Zunge zergehen lassen. Es heißt nicht: Tut *alles* im Namen Jesu und dankt Gott, was ihr auf diese Weise alles schafft! Der Name Jesu wird nicht als magische Formel benutzt, um unsere Opferbereitschaft zu erhöhen, um uns zu effektiveren christlichen Worten und Werken anzuregen. Sondern der Name - die Person Jesu - wird zum Prüfstein alles dessen, was uns zugemutet wird, damit wir auswählen, was unter alldem in der Tat im Namen Jesu zumutbar ist, und wofür wir all unseren Mut verwenden und uns einsetzen können.

Im Namen Jesu kann ich gar nicht alles tun. Beim besten Willen nicht. Und wenn ich noch zu Kompromissen bereit bin, etwas mitzutun - wovon ich zwar nicht völlig überzeugt bin, was mir persönlich vielleicht auch nicht paßt, was aber für viele andere Menschen von Bedeutung sein kann -, die Grenze ist dort erreicht, wo ich zu Worten und Werken herausgefordert werde, die mit *seinem* Namen, mit *seiner* Person, nicht zusammenpassen. So kann der Name Jesu in einem Atemzug, vielleicht in einem Seufzer, mit Menschen genannt werden, die auf der sozialen, politischen oder beruflichen Ebene zu einem Nichts abgewickelt werden, in einem Atemzug mit Unterdrückten, Flüchtlingen und armen Würstchen. Aber mir stockt der Atem, wenn der Name Jesu zum Emblem, zum Bestandteil einer Strategie wird, deren Worte und Werke ganz anderen Interessen, anderen Namen dienen. Der Name Jesu kann in einem Atemzug mit Minderbemittelten, Armen und Ungebildeten genannt werden. Aber mir stockt der Atem, wenn sein Testament mit großer Selbstverständlichkeit als Erbe des Bildungsbürgertums gehandelt und mit ideologischen Beglückungsprogrammen in Zusammenhang gebracht wird. Was immer ihr tut mit Worten oder mit Werken, schaut zuvor, ob es sich mit dem Namen Jesu verbinden läßt.

III.

Dieser Satz hat eine Kehrseite: Wenn es Dinge gibt, die in seinem Namen zu *tun* sind, dann gibt es auch welche, die in seinem Namen *unterlassen* werden können. Alles, was ihr zu unterlassen gedenkt an Worten oder Werken, schaut zuvor, ob ihr das im Namen Jesu lassen könnt.

Damit werden der Name Jesu und der Zusammenhang, in dem dieser Name steht - seine Person - schließlich zum Prüfstein auch für alles das, was ich in großer Freiheit lassen kann. Er lehrt mich, jene Momente zu erkennen, in denen ich ohne Umschweife zu sagen habe: »Ich passe.« In diesem Sinne bewahrt er mich vor eigenen und fremden Überforderungen. In diesem Sinne ist sein Name meine heilsame Grenze. In diesem Sinne ist sein Name mein Schutz und mein Trutz. *Dietrich Buxtehude* scheint sich daran so gefreut zu haben, daß er gleich eine Kantate darauf geschrieben hat.

Gott segne Sie mit dem Mut, das zu tun, was Sie im Namen Jesu zu tun wünschen und tun können. Und er segne Sie mit der Freiheit, das zu lassen, was Sie weder mit Gottes noch mit Ihrem Namen in Verbindung bringen können. Wenn Sie von Gott so gesegnet werden, wird sich die Frage erübrigen, wofür Gott zu danken wäre.

Alles, was ihr tut mit Worten oder mit Werken, das tut alles im Namen Jesu, und danket Gott, dem Vater, durch ihn. Amen.

Vom unersättlichen Raumbedarf Gottes

(Eph 2, 17-22)

2. Sonntag nach Trinitatis (28. Juni 1992)

Besonderheit: Rundfunkgottesdienst

Wir in Greifswald nennen unsere Kirche liebevoll »die Dicke Marie«. Dieser Name ist für uns nicht nur Ausdruck für ein monumentales Gebäude, sondern in dieser Bezeichnung schwingt auch etwas von Geborgenheit, Wärme - etwas von dem mütterlichen Schutz und Trutz, die diese Kirche allen denen bot, die sich bisher unter ihrem breiten Dach versammelten.

Heute, in diesem Gottesdienst, ist dieses Dach noch weiter als sonst; der Leib der Dicken Marie nimmt gigantische Ausmaße an. Sie hat einen Durchmesser von über 600 Kilometern. Der entfernteste Hörer sitzt etwa 500 Kilometer von dieser Kanzel entfernt an seinem Frühstückstisch, der nächste keine sieben Meter von mir entfernt in einer Bankreihe. Spielt in diesem Gottesdienst, in unserem Leben, die »Entfernung zwischen dir und mir« eine Rolle? - Haben *Nähe* und *Ferne* etwas zu sagen?

Daß jetzt nur ein Bruchteil von denen hier in der Kirche versammelt ist, die diesen Gottesdienst mitverfolgen, hat gewiß verschiedene Gründe. Die meisten wohnen ganz einfach zu weit weg. Und viele von denen, die zu unserer Gemeinde gehören, haben gar nicht die Möglichkeit, räumliche Nähe herzustellen - obwohl sie sie brauchen könnten. Ihre Gesundheit oder familiäre Schicksale hindern sie daran; und wenn es irgendwie ginge, wären sie hier. Von einigen weiß ich aber auch, daß sie nicht kommen möchten - wenigstens im Augenblick nicht. Kirche und Gemeinde haben für sie etwas Unerträgliches.

Aber womit auch immer es zusammenhängen mag, daß jetzt manch einer mit einem Brötchen statt mit dem Gesangbuch in der Hand den Gottesdienst miterlebt, daß der eine das Radio extra abgeschaltet hat, als die Glocken zu läuten begannen, und ein anderer den Wecker auf 10 Uhr stellte, um unter uns zu sein: Nähe und Ferne spielen immer mit. Sie spiegeln ein Stück unserer Lebenswirklichkeit wider.

I.

Menschen, die sich von Berufs wegen mit unserem Verhalten beschäftigen, haben herausgefunden, daß wir uns auf ganz verschiedene Art und Weise klarmachen, was wir voneinander halten. Wir können uns durch *Worte* erklären: »In deiner Nähe fühle ich mich wohl.« Oder: »Deine Gegenwart belastet mich.« Wem so etwas schwer über die Lippen kommt, der kann es auch mit seinen Augen sagen, mit seiner Miene, mit der Haltung seines Körpers.

Menschen geben sich aber auch räumlich zu verstehen, was sie voneinander halten. Der jeweils von einem Menschen gewählte Abstand zwischen sich und einem anderen gehört zu seiner Sprache wie seine Stimme, sein Gesichtsausdruck, seine Gesten. Wir sprechen davon, daß Menschen in einer bestimmten Weise »zueinander stehen«. Der Grad der Zu- und Abneigung des einen gegenüber dem anderen schlägt sich auch in der Größe des Zwischenraums nieder, der beide trennt und verbindet.

Menschen, die sich lieben, können sich gar nicht nahe genug kommen. Aber wer einen anderen nicht »ausstehen«, seine Nähe nicht aushalten kann, geht ihm aus dem Weg. Menschen, die gegen ihren Willen miteinander zu tun haben müssen, ziehen unsichtbare Grenzen.

Daß Nähe und Ferne wie eine Mitteilung, wie eine eigene Sprache verstanden werden, können Sie auch an den Wirkungen ablesen, die beim Überschreiten oder Vergrößern geltender Abstände entstehen. Wenn ein Fremder auf 5 cm an Sie herantritt, um Sie nach ihrem Ergehen zu fragen, verletzt er eine Grenze. Nicht weil die Frage unangemessen wäre, aber seine Nähe ist unangemessen. Sie setzt einen hohen Grad an Vertrautheit voraus.

Und umgekehrt äußert sich bei Menschen, die sich eben noch liebten, der Grad der Entfremdung zuerst darin, daß sie sich kaum noch nahe kommen. Was für einzelne gilt, betrifft auch Gruppen, Vereine, Gemeinden. Es gibt Regeln dafür - nirgends geschrieben, aber jedermann befolgt sie -, wie nah die einen den anderen kommen dürfen, bevor es unerträglich wird.

Sind Sie noch da? Sie am Radio, trotz der Entfernung. Und Sie, liebe Gottesdienstbesucher: Wie nahe sind wir uns wirklich, hier vor Ort, wo wir erleben, wie oft äußere und innere Nähe und Ferne im Gegensatz zueinander stehen? Wie eng kann man mit einem weit entfernten Menschen verbunden sein, und wie unerträglich kann die Nähe eines anderen werden, den man weit weg - am liebsten auf dem Mond sehen möchte.

Vermissen Sie den Predigttext? Wir sind längst mittendrin. Denn wir erleben, wovon der Text spricht: Die Fernen sind mit einem Mal aufgetaucht: Menschen erscheinen in unserem Leben, die wir immer zu den Fernen gerechnet haben, die noch nie zu uns, noch nie »dazugehört« haben. Dabei hatte sich doch alles eingespielt. Zwischen äußerster Entfernung und dichtester Nähe hatte jeder seine Position gefunden und wußte, was er vom andern zu erwarten hatte. Plötzlich wird diese Erwartung enttäuscht. Die sich immer ferngehalten haben - mit einem Mal stehen sie da, klopfen an und fragen nach einem Termin für die Taufe. Vierzig Jahre Distanzierung sollen mit ein paar Wochen Annäherung wettgemacht werden?

»Muß denn das sein?« fragen die, die immer schon ganz nahe dran zu sein glaubten und es vielleicht auch waren. Welchen Preis haben wir gezahlt, um zur Stange, sprich: zum Stamm des Kreuzes zu halten und in der Nähe der Kirche zu bleiben. Nun kommen die einfach dazu, als wäre nichts gewesen!

Unwillkürlich kommt mir der Bruder des sogenannten verlornen Sohnes in den Sinn, der immer in der Nähe seines Vaters war und den es grämt, als »der da« aus der Ferne zurückkommt und einfach da ist, als wäre er immer schon dagewesen. Unerträglich.

In diese Situation hinein fällt der heutige Predigttext - wie eine Bombe? Wie ein Samenkorn? Wie Regen auf das heiße Land?

II.

Epheser 2, 17-22: »Als Christus kam, hat er - indem er die frohe Botschaft brachte - zugleich den Frieden angesagt, und zwar sowohl den Fernen wie den Nahen. Christus hat dafür gesorgt, daß beide in einem Geist einen Zugang zum Vater haben. So kann nun nicht mehr die Rede sein von Gästen und Fremdlingen, sondern nur noch von Mitbewohnern und Heiligen, die gemeinsam in Gottes Haus Heimatrecht haben, ja, die selbst das Haus bilden, gegründet auf die Lehre der Apostel und Propheten - mit Jesus Christus als Schlußstein. Durch ihn wird dieser Bau ein geschlossenes Ganzes, zur Behausung Gottes, die im ständigen Wachsen begriffen ist.«

Der Predigttext richtet sich an Menschen, die feststellen, daß ihre Welt nicht mehr stimmt, daß die vertraute Raumordnung von nah und fern nicht mehr zutrifft. Unerträglich, sagen einige und meinen damit den Verlust eines gehörigen Abstands, mit dem sie immer schon gelebt hatten - und auf den sie auch ein wenig stolz waren. Denn es hatte sie einiges gekostet, diesen Abstand zu halten zu jenen, die nicht dazugehörten. Es geht um Gemeinden am Ende des ersten Jahrhunderts. Viele Juden waren Christen geworden. Das heißt, sie waren der Botschaft gefolgt, daß der Gott ihrer Väter unter noch mehr Menschen wohnen will als nur unter dem Volk Israel.

Dieses Umdenken, dieses Umglauben, war ihnen nicht leichtgefallen. Und sie waren sich ihres Glaubens noch gar nicht so sicher, als sie sich schon wieder angefochten fühlten - von den Neuen. Von Menschen anderer Völker, die zu demselben Glauben gekommen waren und sagten: »Euren Gott kennen wir auch.« Und von den Alten, die immer schon dabei waren, entgegneten viele: »Was versteht ihr schon? Ihr habt mit uns nicht die vierzig Jahre in der Wüste geteilt, sondern es euch gutgehen lassen. Was versteht ihr schon von unserem Gott - von dem Bund, den er mit uns geschlossen hat?«

Diese Leute kriegen einen Rundbrief, den die Kirche als Predigttext dieses Sonntags an uns weitergeleitet hat. In diesem Schreiben erscheint das Haus als Bild für die Kirche, für die Gemeinde, für das Zusammensein von Menschen, die von sich behaupten, mit ihrer Bindung an Christus zu stehen und zu fallen. Ein vielzitiertes Bild, dieses Haus. Aber viele kennen von der dazugehörigen Hausordnung nur die Mietbestimmungen, nämlich die Kirchensteuerregelung, und die Bedingungen zum Erwerb eines Wohnberechtigungsscheins, der Taufurkunde.

Nicht wahr, und manchmal scheint es, als ob der Kirche an der Vermittlung *dieser* beiden Regelungen mehr gelegen sei als daran, die Möglichkeiten jener Hausordnung umzusetzen: Zwischenräume zwischen den Nahen und Fernen zu gestalten, statt sie zum Kampffeld zu erklären, Spielräume zu eröffnen, in denen das schon möglich wird, wofür es noch keine Regeln und keine Gesetze geben kann. *Indem Christus die frohe Botschaft brachte, hat er zugleich den Frieden angesagt, sowohl den Fernen wie den Nahen.* Wenn das stimmt, dann könnte keiner von den Alteingesessenen sagen, daß er vom Evangelium lebe, die Hausordnung Gottes kenne und gleichzeitig einem Neuhinzukommenden - im Bilde gesprochen - den Friedensgruß verweigert. In manchen alten Häusern steht im Flur gleich hinter der Haustür der Spruch an der Decke: »Tritt ein, bring Glück herein.« Das klingt zwar nicht sehr geistlich, aber wenn die Fernen und Fremden von den Nahen wenigstens mit dieser Botschaft an der Eingangstür empfangen würden, daß ihr Erscheinen ein *Glücksumstand* ist, dann ginge es bereits geistlich zu. Wenn wir andererseits unser Haus so einrichten: die Türen so niedrig, die Schwellen so hoch und die Fenster so klein machen, daß sich die Fernen und Fremden dauernd vor den Kopf stoßen oder gar nicht erst hereinkommen - dann zieht Gott aus, weil er nicht mehr reinpaßt. Und er paßt deswegen nicht mehr rein, weil er auch in den Fernen wohnen will. Wie hieß doch die Regel?

»So kann nun nicht mehr die Rede sein von Gästen und Fremdlingen, sondern nur noch von Mitbewohnern und Heiligen, die gemeinsam in Gottes Haus Heimatrecht haben, ja, die selbst das Haus bilden, gegründet auf die Lehre der Apostel und Propheten - mit Jesus Christus als Schlußstein. Durch ihn wird dieser Bau ein geschlossenes Ganzes, zur Behausung Gottes, die im ständigen Wachsen begriffen ist.«

III.

Liebe Hörer, was ist *das* für eine Botschaft? Unser Haus, die Kirche, unsere Gemeinde, unsere Gemeinschaft wird zerbersten und kaputtgehen, wenn wir Gottes Raumbedürfnis nicht nachgeben. *Die Kirche wird schon allein dadurch zu einer teuren Ruine, daß sie so bleibt, wie sie ist.* Erst recht aber dann, wenn die gegenwärtigen Bewohner dieses Baus den Zugang verstellen und die Fernen fernhalten.

Ich freue mich über diese Botschaft. Denn was sollte ich Ihnen sonst sagen? Ihnen in der Ferne mit Ihren Bedenken gegenüber der Kirche, oder Ihnen mit Ihrer Hoffnung, die Sie sich vielleicht eher zu den Nahen rechnen? Die Sie von jenem Frieden, den der Predigttext verheißt, kaum noch etwas finden?

Mancher unter den Nahen kommt nicht mehr zur Ruhe in Anbetracht dieses fortwährenden, von Gott ausdrücklich begrüßten Um- und Ausbaus der Kirche und der Gemeinden vor Ort, wegen der ihm auf den Leib (Christi) rückenden Fernen und Fremden. Aus Gesprächen weiß ich, daß es für manchen von Ihnen etwas Bedrohliches hat, zu hören, daß Gott auszieht, wenn von den Fernen keiner mehr einziehen darf.

Der Epheserbrief zeigt den Nahen die Kehrseite dieser Wirklichkeit Gottes: Sie hat nichts Bedrohliches, sondern entzieht unserer schlimmsten Bedrohung: Gott los zu werden, den Boden. Es hat nichts mit einer Notwendigkeit der Abwechslung, nichts mit der Gefahr der Langeweile, nichts mit einer Verpflichtung zu immer neuen, konkurrenzfähigen Ideen zu tun, wenn Gott die Fernen und die Nahen zusammenbringt. Sondern es ist das Zeichen für Gottes unersättlichen Raumbedarf einerseits und seine Entscheidung, ausschließlich in Häusern aus Menschen zu leben, andererseits.

Und wie hören das die eher Fernen? Das nachzuempfinden ist nicht leicht für einen, der sich von Berufs wegen »in der Nähe« zu halten hat. Aber ich kann mir vorstellen, daß auch *das* etwas zum Weitersagen ist: Wer nah ist und wer fern - das ist noch lange nicht entschieden. Denn Nähe und Ferne sind keine absoluten, sondern bedingte Größen. Und ob jemand zu den Nahen oder Fernen gehört, wird sich immer wieder neu herausstellen und ist letztlich allein davon abhängig, wo Gott ist. Besser gesagt, wo er gerade baut und sich ausbreitet. Vielleicht an einer ganz entfernten Stelle? Unter Ihrem Dach.

Es gehört nicht viel dazu, unversehens in die Ferne zu geraten (und wenn man noch so lange zu den Nahen gehört hat) oder unversehens ganz nahe zu kommen (und wenn man noch so weit entfernt war). Die geänderte Position, die korrigierte Entfernung eines einzelnen kann bewegende Folgen für alle anderen Fälle von Nähe und Ferne haben: Wie weit weg war jener ältere Sohn im Gleichnis vom liebenden Vater, als sein Bruder zurückkam. Er, der immer da, zu keinem Zeitpunkt »verloren« war, war mit einem Mal weiter weg als es sein jüngerer Bruder je war. Und der von Ferne Kommende lag - ohne es erwartet zu haben - mit einem Mal in den Armen seines Vaters.

Das Näherkommen des Fernen, der immer wieder dazwischenkommende, Wohnung suchende Gott - er ist unsere Chance, aus festgeschriebenen Standortbestimmungen von Nähe und Ferne herauszukommen. Unsere Chance, Abstand zu gewinnen zu allem, was uns zu seelisch Obdachlosen macht, Nähe zu finden zu dem, was uns zum Frieden dient. Dabei werden wir von innen und außen neu erbaut.

Möge dieser Gottesdienst in unserem Leben als eine solche Baumaßnahme zu Buche schlagen. Amen.

Ungedopt im Licht stehen
(Eph 5, 8-14)
8. Sonntag nach Trinitatis (9. August 1992)

Warum wird gedopt? Man (und frau) dopt, um besser zu werden, als es die eigenen Möglichkeiten zulassen. Man dopt, um Spitze zu sein. Wer dopt, versucht die persönliche Leistung künstlich zu erhöhen. Und das alles mit dem Ziel, im Licht zu stehen, im Rampenlicht der Allerbesten. Das eigentliche Ziel von Doping ist die Sonne des Ruhms, sind die Scheinwerfer internationaler Kamerateams. Um in diesem Licht zu stehen, muß man aber erst einmal ins Dunkle gehen. Denn gedopt wird im Dunkeln.

I.

Der gedopte Sportler ist kein sehr schönes, aber nichtsdestoweniger treffendes Bild für die Wirklichkeit, von der der heutige Predigttext spricht. Er ist nur verständlich vor dem Hintergrund der Sehnsucht des Menschen, etwas von der Sonne abzukriegen, aus der Dunkelheit zum Licht zu finden, im Hellen zu leben und nicht in der Finsternis. Nicht zufällig ist der »Platz an der Sonne« zum Werbespot des größten deutschen Lotterie-Unternehmens geworden. Dieser Werbeslogan spielt mit unserem Wunsch nach Sonne und Licht. Und was tun wir nicht alles, um dieses Ziel zu erreichen?! Wir dopen. Oder - seien wir etwas nachsichtiger mit uns: Wir lassen uns dopen, um etwas von der Sonnenseite des Lebens abzubekommen, um auch ein wenig (mehr) im Licht zu stehen.

Denn was ist Doping anderes als die Ein- und Annahme von Mitteln, um besser zu sein oder wenigstens besser zu wirken, um es dann schließlich besser zu haben als die anderen? Das fängt an mit der Mode. Kleider machen Leute. In einer bekannten Modezeitschrift heißt es zu einem Kostüm: »Mit diesem Gewebe geben Sie Ihrer Person einen unauffälligen Hauch von Elite.« Nicht dabei steht, daß diese Werbung damit zum Beispiel auch sagt: »Sie haben diesen Hauch von Elite nötig, weil Sie ihr nicht angehören.« In diesem Sinne können Kataloge dopen. Sie verschreiben uns Mittel zur Aufmotzung unserer Persönlichkeit.

Aber das betrifft ja nicht nur die Mode. Auch mit Wohnungsausstattung, mit Jobs, mit Stellungen, mit Positionen, mit Pöstchen, mit Versprechungen, mit Geld können Menschen gedopt werden. Und wenn es sie erst einmal richtig erwischt hat, sind sie wie in Trance. Sie wissen nicht mehr, was sie tun. Sie wissen am Ende auch nicht mehr, was und wer sie wirklich sind. Sind sie das, was das Doping aus ihnen gemacht hat oder das, was sie selbst von sich halten? *Sind* Sie der oder die, die da im Licht stehen, die, für die Sie von den anderen gehalten werden?

II.

Die Enthüllungen der letzten Tage haben zumindest im Bereich des Sports gezeigt, daß es sich nicht lohnt zu dopen. Bliebe die Frage, ob es sich lohnt, in den anderen Bereichen des Lebens zu dopen, auf Mittel zurückzugreifen, durch die man mehr zu sein scheint, als man wirklich ist. Der Text des heutigen Sonntags sagt schlicht und einfach, daß wir das nicht nötig haben. Nicht, weil wir Spitze wären, nicht, weil wir gefälligst mehr trainieren sollten, sondern weil wir so ans Licht treten sollen, wie wir sind.

Denn, nicht wahr, das haben doch alle, die dopen, gemeinsam: Sie lassen sich einreden (oder reden es sich selbst ein), daß sie so, wie sie sind, nichts taugen. Sie halten sich für zu schwach, für zu langsam, für zu arm, für zu häßlich, für zu altmodisch, für zu alt oder für zu jung. Sie haben den Eindruck, zu wenig darzustellen, zu weit im Schatten zu stehen, und fangen dabei an, sich selbst zu verleugnen. Sie lassen sich einreden oder reden sich ein, sich so nicht sehen lassen zu können - so wie sie sind, nicht vor die anderen treten zu können. Und so helfen sie nach, lassen sich auf die bestechlichen Angebote ein, um als stärker, schneller, schöner, souveräner, überlegener, kühler, reicher, glücklicher zu erscheinen als sie wirklich sind. Das künstliche Sonnenlicht freilich, das dabei erzeugt wird, ist sehr anfällig. Weil es nicht von selbst scheint, muß man es dauernd überwachen - in der Hoffnung, daß einem keiner auf die Schliche kommt.

Der Epheserbrief verkündet im 5. Kapitel: Schluß damit! Das soll keine Drohung sein - nach dem Motto: »Eines Tages kommt ja doch alles heraus.« Es soll auch kein Appell sein: »Nun reißt euch doch endlich mal zusammen.« Sondern der Autor dieses Textes will uns für das Evangelium gewinnen, daß kein Mittel der Welt das zu leisten vermag, was Gott schafft, wenn wir uns von Gott in dem Zustand aufsuchen lassen, in dem wir wirklich sind - also ohne uns zurechtgemacht zu haben. Ohne Scheinwerfer aufgestellt zu haben.

> »Ihr wart einst Finsternis, jetzt seid ihr Licht. Durch den Herrn ist das so gekommen. Also habt auch den Mut, eurer Leben als Kinder des Lichts zu führen. Habt keine Gemeinschaft mit den untauglichen Werken der Finsternis. Denn was da heimlich geschieht - eine Schande ist es, davon auch nur zu reden. Das alles wird offenbar, wenn's ans Licht kommt. Deshalb heißt es: Wache auf, der du schläfst, und stehe auf aus der Trance, damit *Christus* dich erleuchte« (vgl. Epheser 5, 8-14).

Wenn Gott sagt: »Zeig' dich!«, dann sagt er das nicht wie ein Sheriff, der einen Banditen in die Enge getrieben hat, nicht wie ein Verfolger, der sein Opfer zur Strecke bringen will, er sagt es nicht wie ein Kriminalinspektor oder ein Detektiv es in die Nacht hineinruft, um den Täter bloßzustellen, sondern er sagt es aus einem anderen

Grund und mit einer anderen Absicht. Er sagt, zeig' dich selbst, damit mein Licht auch dich selbst wirklich erreicht. Zeig' dich nicht - im Bilde gesprochen - gedopt. Oder willst du für ein bestimmtes *Mittel* werben? Willst du, daß meine Liebe und Güte auf *Neckermann* fällt oder auf deinen Verein oder auf dein Geld oder auf deine Position oder was immer die Mittel sein mögen, durch die du irgend etwas darstellen willst - ohne du selbst zu sein? Leg' alles ab, tritt ans Licht - und du wirst leuchten.

Wer dopt, wer sich mit allen Mitteln heller machen will, als er in dem Licht Gottes erscheint, läßt sich überfordern. So, wie der menschliche Körper im Grunde überfordert wird, wenn seine Muskeln unverhältnismäßig und auf unnatürliche Weise vergrößert werden, so können auch der Geist und die Seele des Menschen überfordert werden, wenn sich ein Mensch darauf einläßt, seinen Geist und seine Seele zu verkaufen.

III.

Gott möchte uns - ich kann den Epheserbrief nicht anders verstehen - im Gegensatz zu allen Anbietern von Dopingmitteln nur *um unserer selbst willen im Licht sehen*. Er möchte, daß wir das Leben gewinnen - aber nicht, weil er daran verdient, sondern weil er es uns aus Liebe gönnt.

Wenngleich ich die Hintergründe verstehe, ärgert es mich doch, wenn sich Weltklasse-Sportler im Schweiße ihres Angesichts auf dem Tennisplatz, im Boxring oder auf der Marathonstrecke abkämpfen und dabei immer auch Adidas und Coca-Cola gute Plätze im Lichte der Öffentlichkeit sichern. Am Rande von Olympia erfährt man, daß die Industrie sich zwar den Sport etwas kosten läßt, dafür aber noch größere Gewinne einheimst.

»Habt den Mut, euer Leben als Kinder des Lichts zu führen« - als die Menschen aufzutreten, als die Gott euch gemeint hat. Das heißt ja nicht, sich unmodisch kleiden zu müssen, sich nicht mehr die Haare zu kämmen oder jedes Qualifikationsangebot abzulehnen. Aber - so legt uns der Epheserbrief ans Herz: Laßt euch um Gottes willen nicht einreden, daß es erst dann »hell« würde in eurem Leben.

Auch im Hinblick auf das Verständnis unseres Christseins können wir der Verführung zum Dopen verfallen. Nämlich so, daß sich in uns der Gedanke einnistet, wir könnten uns durch gute Werke in ein rechtes Licht rücken, uns Ansehen verschaffen und dabei einen größeren Gewinn vom Leben haben. Jesus selbst hat das in Zweifel gezogen. Gewiß - Gott ist der letzte, der etwas gegen gute Werke hätte - aber durch Jesus hat er verdeutlicht: Es ist der vom Licht zehrende gute Baum, der gute Früchte bringt. Nicht die Früchte schaffen den Lebensraum des Baums.

Daß es immer wieder vorkommt, daß Menschen an irgendeinem Punkt ihres Lebens überhaupt nichts mehr zu bringen imstande sind - oder wenigstens das Gefühl haben, nichts mehr leisten zu können -, hat mit Überforderung, Ausreizen durch Doping zu tun ... Es ist wie beim Sonnenbad. Je mehr wir von uns ablegen, umsomehr

Sonne erreicht unseren Körper. Die Scham, die Peinlichkeit, die diejenigen Menschen empfinden mögen, die sich für zu dick, zu ungeformt, für zu häßlich, für nicht zumutbar halten, als daß sie die Sonne ganz an sich heranlassen könnten, ist vielleicht ein Gleichnis für das Zögern von Christen, sich Gott so zu stellen, wie sie sind. Und dann kommt es plötzlich dazu, daß ich ein gutes Werk über meine Trägheit decke - und ein anderes über meine Angst. Ein gutes Werk über meinen heimlichen Haß und eins über das Bewußtsein meiner Schuld.

Heute hören wir, daß Gott sich wundern würde, wenn wir dort zu polieren anfingen, wohin er das Licht des Lebens bringen will: Wo er selbst erscheinen will, nämlich in unserer unmittelbaren Nähe. Gott möchte uns dazu bringen, daß wir nicht verlegen abwinken und sagen: Danke, es ist schon hell. Sondern er will uns Mut machen, sein Licht auf den Menschen treffen zu lassen, der wir wirklich sind.

Und niemand wird sich schämen müssen, dem das widerfährt. Denn dieses Licht hat eine heilende, lebensschaffende Kraft. Sie korrigiert nicht, wie die Doping-Mittel, irgendeinen repräsentativen, gewinnbringenden *Teil* von uns - etwa unseren Bizeps, sondern unsere ganze Existenz.

Das ist natürlich ein Wagnis. Gott mutet es uns zu, damit wir das Leben gewinnen. Amen.

Lossagung von falschen Sponsoren
(1 Sam 17)
11. Sonntag nach Trinitatis (30. August 1992)

Für jede Not, in die ein Mensch geraten kann, gibt es Empfehlungen, sie zu überwinden. In bestimmten Schwierigkeiten haben sich bestimmte Lösungsmethoden bewährt. Es sind in der Regel die naheliegenden, einleuchtenden. Wer Hunger hat, ißt. Wer zu wenig Platz hat, breitet sich aus. Wer Schaden erleidet, klagt Wiedergutmachung ein. Wo eine Lücke ist, wird investiert. Wer kein Geld hat, borgt sich welches. Wer zuviel hat, schafft's ins Ausland. Wer sich bedroht fühlt, führt Krieg. Wer nicht untergehen will, muß hart bleiben. Wer sich keinen Schützenpanzer leisten kann, um seine persönlichen Gefechte auszutragen, kauft sich halt ein Auto. Für jede Not gibt es ein bewährtes Abhilfemittel. Was zu tun und zu lassen ist, liegt im Grunde immer auf der Hand. Töricht, wer sich nicht daran hält.

Aber Gott, wie wir ihn aus der Geschichte des Volkes Israel kennen, hat vor der einleuchtenden Kraft dieser Lösungen schon immer gewarnt und sich über die Dummheit seines Volkes geärgert, wenn es solchen Lösungsvorschlägen auf den Leim ging. Gleichzeitig hat er versucht zu zeigen, daß es auch anders, einfacher und besser geht. Die Geschichtsschreiber und Propheten des Alten Testaments beklagen, daß dem Volk Israel, wenn es Schwierigkeiten gibt, nichts anderes einfällt als Standardlösungen. Bald läßt sich Israel, nachdem es eben seine Freiheit errungen hat, auf abenteuerliche Staatsverträge mit anderen Ländern ein, bald schließt es Kriegsbündnisse; wieder eine Notlage, und es tanzt ums Goldene Kalb. Als hätte es jenen Aufbruch aus der Sklaverei nie gegeben, als sie lediglich mit Wanderstäben ausgerüstet und mit bloßem Gottvertrauen unterwegs waren, setzen die Israeliten immer wieder auf Lösungen, die zwar naheliegen, aber so angelegt sind, als wäre mit Gott nicht zu rechnen.

I.

In der Geschichte, um die es heute geht, sitzt Israel wieder einmal in der Klemme. Die Philister rücken nämlich an. Und die Philister waren für die Israeliten so etwas wie die Russen für die westliche Welt zur Zeit des kalten Krieges. Oder in der Sprache des Ostens: Die Philister waren der Inbegriff der imperialistischen Aggression. Aber die Kinder Israel kriegen die Chance, einer großen Schlacht zu entkommen - wenn es jemandem gelingt, den Führer der Philister im Zweikampf zu besiegen. Ein Angebot, das die Israeliten natürlich nur erhalten, weil die Philister ihren Goliath für unbesiegbar halten. Wer unter den Kindern Israel sollte gegen diesen Riesen antreten?

Da fühlt sich einer angesprochen. Ein Junge, Hirte von Beruf. Alle haben Bedenken. »David«, sagen sie zu ihm, »mit Leuten wie du einer bist, kriegen wir dieses Problem nicht gelöst«. Aber naiv, wie ein Hirtenbube nur sein kann, entgegnet David, daß der Gott, der ihm geholfen habe, Bären und Wölfe von der Herde fernzuhalten, ihm auch helfen werde, die Philister von seinem Volk fernzuhalten. Goliath sei schon so gut wie tot. Für Gott sei das eine nicht schwieriger als das andere. Und das allein zähle etwas. - Saul, König und Kriegsminister in einer Person, willigt schließlich ein:

> »Und Saul legte David seine Rüstung an und setzte ihm einen ehernen Helm auf sein Haupt und legte ihm einen Panzer an. Und David gürtete Sauls Schwert über seine Rüstung und mühte sich vergeblich, damit zu gehen; denn er hatte es noch nie versucht. Da sprach David zu Saul: Ich kann so nicht gehen, denn ich bin's nicht gewohnt, und er legte es ab und nahm seinen Stab in die Hand und wählte fünf glatte Steine aus dem Bach und tat sie in die Hirtentasche, die ihm als Köcher diente, und nahm die Schleuder in die Hand und ging dem Philister entgegen« (1. Samuel 17, 38-40).

Die Art und Weise, wie Saul reagiert, zeigt, daß er David nicht recht verstanden hat. David war mit dem Vorsatz angetreten, *als Hirte* gegen den Schlachtenbummler Goliath zu kämpfen, so vorzugehen, wie er gegen Bären und Wölfe vorgegangen war. David will kämpfen in der ihm vertrauten Weise: mit glühenden Augen, mit roten Ohren und vielleicht mit einem Mordsgeschrei. Saul will ihn daran hindern, und so werden David die vertrauten Dinge gereicht: Du mußt einen Helm tragen und einen Panzer und ein Schwert.

Aber was für ein Bild?! Das Zeug steht ihm nicht. Das bewährte Gelumpe legt den Mann lahm. Es ist weder kaputt noch verrostet, aber es gehört nicht zu ihm, es steht ihm nicht. Es paßt nicht zu David. Wie sagt er so schön: »Ich kann so nicht gehen, denn ich bin's nicht gewohnt.«

II.

Was für ein Bild! Ein Mensch, in einem Kampfanzug steckend, mit dem er nicht zurechtkommt. Was sich 1000mal bewährt hat, versagt im 1001. Fall. Es hilft ihm nicht nur nicht, sondern es behindert ihn bei *seiner* Art, Not zu bewältigen. David steht mit einem Mal für den Menschen, der mit dem, was ihm anempfohlen wird, nichts anfangen kann. Es geht ja nur in den seltensten Fällen um Helme, Rüstung und Schwerter. Manche lassen sich losschicken mit Schlips, Anzug und Aktenkoffer - aber es steht ihnen nicht. Andere mausern sich mit einer Gesichtsmaske, die ihnen von der Typ-Beratung verschrieben wurde. Andere bekleiden sich mit einem Posten oder ziehen lieber mit einem Orden an der Brust in den Kampf.

Aber wir sind ja hier nicht zusammengekommen, um andere oder einige unter uns anzuklagen. Die Geschichte führt nur vor Augen, wie es einen Menschen überfordert, sich auf eine Art und Weise am Überlebenskampf zu beteiligen, die weder seinem physischen Vermögen noch seiner geistigen Überzeugung entspricht. Er macht sich vor anderen und vor sich selbst lächerlich. David im Kampfanzug! Ein Pfarrer mit Orden der Staatssicherheit! Amtsträger mit Spitzenverdiensten? Hänschen Müller im Western-Look? Treffend sagt Elie Wiesel:

>»Wenn es jemanden gibt, und sei er auch ganz allein, der es wagt, in Übereinstimmung mit seinen Vorstellungen und Grundsätzen zu leben, dann werden viele andere Mut bekommen und ein wenig von ihrer Würde wiederfinden.«

Jemand, der es wagt, in Übereinstimmung mit seinen Vorstellungen und Grundsätzen zu leben - dazu gehört selbstverständlich auch: in Übereinstimmung mit seinem Glauben. David war so einer. Er ließ sich nicht davon abbringen, das, was er zu tun hatte, in Übereinstimmung mit seinem Glauben und seinem Vermögen zu tun. Er ließ sich von der bestechlich glänzenden, imponierenden und womöglich Respekt einflößenden Rüstung nicht irritieren.

Die Geschichte von David und Goliath zeigt, in welch starkem Maße die Wirkung der einfachen Mittel unter Beteiligung Gottes unterschätzt wird:

>»Und der Philister sprach zu David: Bin ich etwa ein Hund, daß du mit Stecken zu mir kommst?! Und der Philister fluchte dem David bei seinem Gott und sprach zu David: Komm her zu mir, ich will dein Fleisch den Vögeln unter dem Himmel geben und den Tieren auf dem Felde. David aber sprach zu dem Philister: Du kommst zu mir mit Schwert, Lanze und Spieß. Ich aber komme zu dir im Namen des Herrn Zebaoth, des Gottes des Heeres Israels, den du verhöhnt hast« (1. Samuel 17, 43- 45).

Dieses Gesprächsstück ist einerseits ein Beispiel dafür, welchen Ärger es hervorrufen kann, wenn einer durch sein Auftreten und mit einer überraschenden Alternative zeigt, daß man sich in einer schwierigen Lage auch ganz anders verhalten kann, als es von einigen für normal gehalten wird. Andererseits wird deutlich, wie unzureichend all die bewährten Mittelchen plötzlich sein können: Es genügt nicht, erfolgversprechende Strategien zu beschwören. Das heißt, es reicht nicht, nur das im Auge zu haben, *wofür* der Einsatz, der Lebenskampf gedacht ist. Es muß auch in Rechnung gestellt werden, *woher* der Wind weht. Goliath denkt an nichts andres als seinen nächsten Sieg. David besinnt sich vor Beginn des Kampfes darauf, *woher* er kommt, nämlich von der Herde, und *worin* er gründet, nämlich in Gott. Ausschlaggebend für seine Art zu kämpfen ist mehr seine Herkunft denn ein unmittelbar zu erreichendes Ziel. So gelesen stellt die Geschichte vor die Frage, ob es für uns und unsere Methoden eine Rolle spielt, ob wir den Namen Gottes mit gutem Gewissen hinter, über oder unter das setzen können, was wir tun und wie wir es tun. Aus der David-Goliath-Erzählung geht hervor, daß von der Antwort auf diese Frage der Erfolg unseres Lebens- und Überlebenskampfes abhängt. Wenn der Kampf zwischen dem bis an die Zähne bewaffneten Goliath und dem steinschleudernden Hirtenjungen zugunsten des letzteren ausgeht, so spricht daraus *die Ermutigung, getrost alles das ablegen zu können, wovon wir im Grunde wissen, daß es uns am aufrechten Gang hindert.* David wird in dieser Geschichte zum Vorbild dafür, daß es sich lohnt, das Waffengeklirre des Alltags, den Hang zur Anpassung an die Vorgaben der Möchte-Gern-Sponsoren unseres Lebens zu unterwandern.

III.

Als sich nun der Philister aufmachte und daherging und sich David nahte, lief David eilends von der Schlachtreihe dem Philister entgegen. Und David tat seine Hand in die Hirtentasche und nahm einen Stein daraus und schleuderte ihn und traf den Philister an die Stirn, daß der Stein in seine Stirn fuhr und er zur Erde fiel auf sein Angesicht. So überwand David den Philister mit Schleuder und Stein (1. Samuel 17, 48-50a).

Glaube an Gott hat mit der Überwindung von Unüberwindlichem zu tun. Dazu gehört freilich mehr als das zähe Zurückweisen von Lebens-Bewältigungs-Empfehlungen, die mich kräftemäßig überfordern. Die Kehrseite von »Nein, ich passe«, ist »Ja, ich bin bereit!« Ich stehe »Wanderstab bei Fuß«. »Ich rechne mit einem Wunder.«
　　Evangelium dieses Sonntags ist das Gleichnis vom Pharisäer und Zöllner. Was hat unser Predigttext, den die Kirche diesem Evangelium zugeordnet hat, mit der Geschichte von Pharisäer und Zöllner zu tun? Der Pharisäer baut sich vor Gott auf wie Goliath. Er stellt sie zur Schau: Seine Gebete, seine Spenden, seine Tugenden, sein Fasten. Und was das Tragische ist: Er braucht das für seine Existenz so wie Goliath seine Rüstung. Die Demonstration der Dinge, die man vollbracht hat - oder die man, wie jeder sieht, vollbringen könnte -, ist Teil der Bewältigung des Lebens.
　　Aber wie Goliath seine Rüstung nichts hilft, bleibt auch für den Pharisäer die erwünschte Wirkung aus: Jesus betont am Ende des Gleichnisses, daß das Gebet des Pharisäers nichts bewirkt hat. Der Zöllner hat ähnlich wenig dabei wie David. Aber was beide darüber hinaus miteinander verbindet, ist der Ernst, mit dem sie etwas von Gott erwarten. Beide leben von der Hoffnung, daß Gott sich zu ihnen stellt. Und für beide wäre alles verloren, wenn das nicht geschähe. Keiner von beiden wird enttäuscht. Vom Zöllner heißt es: »Dieser ging gerechtfertigt hinab in sein Haus.« Von David lesen wir: »So überwand er den Philister mit Schleuder und Stein.«
　　Viele von den Geschichten, in denen wir leben, nehmen einen anderen Verlauf. Sie enden manchmal in einer Niederlage. Aber ich glaube, wir hätten den heutigen Predigttext mißverstanden, wenn wir durch ihn zu der Überzeugung gekommen

wären, wir stünden fortan auf der Seite der Gewinner. Der Zöllner ist nicht gerade eine Sieger-Figur. Auch David ist kein Held. Aber David und der Zöllner sind zwei Versionen ein und derselben Geschichte, in die auch unser Leben verwickelt werden soll, in die Geschichte des Glaubens an einen Gott, dessen Kraft in den Schwachen mächtig ist. Gott möchte die Geschichte von David und Goliath in unser Leben hinein weitererzählen. Und es wäre ihm lieber, wir würden dabei nicht die Rolle des Goliath spielen wollen. Amen.

Eintrag ins Album
(Röm 8, 17-26)
Vorletzter Sonntag des Kirchenjahres (15. November 1992)

I.

Das ist die Geschichte von einem Klassentreffen. Es war das erste unter denen, die von Anfang an zusammen waren. Das erste Klassentreffen von unserer Dorfschule her. Dort ging es nur bis zur achten Klasse. Dann wurden wir auf andere Schulen verteilt. Vor bald 20 Jahren.

Ich fuhr mit gemischten Gefühlen dahin. Weil meine Familie weggezogen war von dort, gerade, als jene acht Jahre herum waren, hatte ich im Unterschied zu den meisten anderen kaum noch Kontakte zu jenem Ort. Und die Schicksale, die hin und wieder aus dritter und vierter Hand an mein Ohr gedrungen waren, waren zum Teil voller Tragik. Ich hatte von zu Tode verunglückten Kindern gehört, von gescheiterten Existenzen, von einem Selbstmord und Alkohol-Problemen. Und nun ein Klassentreffen.

Mit vielen Erinnerungen hatte ich außerdem mein Poesie-Album im Gepäck, das wir, so hatte es auf der Einladung gestanden, nach Möglichkeit mitbringen sollten.

Ich hatte sie noch alle im Gedächtnis, Namen und Gesichter. Inzwischen werden sie alle ihre Geschichte gehabt haben. Geschichten, wie sie sich halt abspielen von jener Zeit an, in der man noch gern lange aufbleibt, bis zu jener Zeit, zu der man nicht mehr zeitig ins Bett darf. Geschichten, wie sie halt stattfinden zwischen dem Kampf ums Erwachsen-sein-Dürfen und der Sehnsucht nach kindlicher Geborgenheit. Es würden Geschichten langwieriger Prozesse sein, an deren Beginn das Kind steht, das gegenüber Vater und Mutter, Pfarrer und Lehrer um seine Unabhängigkeit und Eigenverantwortlichkeit ringt, und an deren Ende der in die verschiedensten Pflichten genommene Erwachsene steht, dem die Verantwortung für alles Mögliche eher als Last denn als besonderer Lebenswert erscheint.

Die einzige Busverbindung, die für mich in Frage kam, war so ungünstig, daß ich mehr als zwei Stunden vor Beginn unseres geplanten Beisammenseins vor dem Dorfgasthof stand. Die Tür war noch verschlossen; aber in einem der Doppelfenster des Erdgeschosses sah ich jenes Schild mit dem Schriftzug der 50er Jahre, das schon damals vergilbt war: »Heute geschlossene Gesellschaft.« Also war ich immerhin richtig.

Und jetzt? Sollte ich noch jemanden besuchen? Ich könnte Maria besuchen. Auf dem Bauerngut ihrer Eltern hatte ich meine halbe Kindheit verbracht und kiloweise

Brötchen mit hausschlachtener Leberwurst vertilgt. Das Grundstück lag am Ende des Dorfes, direkt neben der Kirche. Als Maria heiratete - soviel hatte ich noch mitbekommen -, war die Scheune ausgebaut worden, und ich konnte annehmen, daß sie noch heute mit ihrer Familie dort lebte, vielleicht sogar mit ihrem Mann die Wirtschaft führte.

II.

Es war 17 Uhr. Ich würde keine Viertelstunde brauchen, um dorthin zu gelangen und die verbleibende Zeit in behaglicherer Atmosphäre als im Novembernebel zu verbringen. Die Gesichter, die mir unterwegs begegneten, kamen mir fast alle noch bekannt vor. Die Typen waren trotz der langen Jahre wiederzuerkennen. War das Paul, der stiernackige, immerzu feucht-fröhliche Traktorist, der da gebeugt und mit glanzlosen Augen an mir vorüberging? Und das - im Wäscheauto eben -, das war doch nicht Ingrid, die als erste und einzige im Dorf mit Stöckelschuhen zurechtkam und das auch genoß? Diese Dame - und eine Wäscherei? Selbst ist die Fahrerin? Aber am Auto hatte es deutlich gestanden: Wäscherei Ingrid Neuhaus. - »Andreas«, ruft's auf einmal. Und in unnachahmlichem Dialekt: »Ich gomm gleich.« Und da kam er: Unser Sport-As. Ein Hühne von Gestalt. Hochsprung 1,55 m, 60-Meter-, 100-Meter-Lauf - immer an der Spitze. Schwarm aller Mädchen. Wurde aus der 7. Klasse an eine Sportschule ausgesondert. - Aber der sich da zeigte, das war nicht jener Hühne. Ein Koloß war aus ihm geworden. Der Bauchspeck wölbte sich zwei Hände breit über einen viel zu tief gelegten Gürtel. Und als er in dem breiten Toreingang, den er fast ausfüllte, verschwand, ließ das Hoflicht ein paar Pausbäckchen erstrahlen.

Es schien mir, als hätte äußerste Anspannung in diesen drei Gestalten gelegen, die Anstrengung zu schwerer Leben. Eine gravierende Spur Vergänglichkeit. Aber vielleicht kam das nur von dem Abend, von der Dunkelheit, die sich inzwischen ausgebreitet hatte.

III.

Da lag der Bauernhof, ein riesiges Gut: Haupthaus, Stallungen, Scheune, Maschinenhalle - im großzügigen Geviert einander gegenüber. Ich ging über den Hof auf die ausgebaute Scheune zu. Ein Zimmer, Parterre, sicherlich die Wohnküche, war erleuchtet. Ich wollte schon klingeln, erlag aber der Versuchung, erst einmal durchs Fenster zu schauen. Vielleicht käme ich völlig ungelegen, mitten beim Kinder-zu-Bett-Bringen oder mitten in den Großabwasch oder mitten ins Tierefüttern...

Bevor ich etwas sah, hörte ich eine Tür knallen. Jetzt trat eine Gestalt mit scharfem Schritt zum Tisch, zog sich einen Stuhl hervor und setzte sich nieder. Mit dem Rücken zu mir, den Kopf in die Hände gelegt. Es könnte Maria sein. Ein Mann trat auf den unbeleuchteten Hof und blieb stehen. Jetzt müßte ich mich melden. Aber ich drückte mich noch dichter an die Wand. Welchen Eindruck würde ich jetzt erwecken? „Was spionieren Sie hier herum!« - würde er mich womöglich fragen.

Ich war erleichtert, als er hinüber zum Stall ging und kurz darauf die Melkanlage in Betrieb gesetzt wurde. Nach einem Besuch war mir nicht mehr zumute. Ich fühlte mich abgrundtief entmutigt, ohne genau sagen zu können, weshalb. Nur, weil mir eine gemütliche Abendstunde verdorben worden war? Nur, weil mir eine Portion Geborgenheit versagt blieb? Nur, weil es hier offenbar einen Streit gegeben hatte?

IV.

Da kam mir eine Idee. Der Gedanke, wieder einmal etwas heimlich zu tun, was ich schon als Kind gern heimlich getan hatte: Die Zeit auf irgendeiner der großen Landmaschinen drüben in der Halle abzusitzen, unauffindbar, erhaben - und jedem Zugriff entzogen. Ich lief hinüber zum Seitengebäude, rollte das große Tor einen Spalt zur Seite, schob mich hindurch und zog es hinter mir wieder zu. - Da standen sie vor mir: zwei Traktoren und ein Mähdrescher. Durch das breite Glasdach fiel das Licht des Abendhimmels und der Widerschein des abnehmenden Mondes. Nachdem meine Augen sich an die Dunkelheit gewöhnt hatten, bestieg ich den Mähdrescher. Die Fahrerkabine war nicht verschlossen. Und bald saß ich wie früher in dem großen, breiten Sitz - wie auf einem Thron.

Äußerlich und innerlich zusammengesunken, begriff ich allmählich, weshalb ich vorhin so enttäuscht war. Maria war in meiner Erinnerung die Heiterkeit in Person. Alle in der Klasse mochten sie. Ihre unerschütterliche Gelassenheit, ihre immer gute Laune, ihre willige Hilfsbereitschaft hatten sie fast zu einer Heiligen werden lassen. Als sie mit vierzehn Jahren ihren ersten Kindergottesdienst hielt, wurde sie beinahe zu einem Mythos. Ihr Name schien Programm zu sein. - Wenn mir meine Eltern etwas vorzuhalten hatten, schlossen sie ihre Rede nicht selten mit »Schau dir Maria an, wie die das macht - oder (je nachdem) die das nie getan hätte.« Ein Musterlebenslauf, ein Bilderbuchleben würde ihr bevorstehen - davon waren alle überzeugt.

Die zugeworfene Tür, der in die Hände gelegte Kopf, die auf den Tisch gestützten Ellenbogen - das sprach aber irgendwie dagegen. Wie kann es, wie darf es geschehen, daß ein Mensch wie Maria, ein Mensch, von dem so viel ausging, ein Mensch, in dem so viel steckte, an solch einen Punkt kommt? Wie steht es um die Zusage dessen, der seine Fürsorge, ja, der alles Gute denen versprochen hat, die auf ihn hoffen?

Auch hier war Maria Vorbild gewesen. In einer Weise, die mir manchmal schon fast peinlich war und zumindest die Eltern einiger Schulfreunde verärgert hatte: Als es - etwa in der 5. Klasse - Mode war, Poesie-Alben herumzureichen, wählte sich Maria für ihre Eintragungen immer Bibelsprüche aus, und zwar immer solche von der deutlichen Sorte: »Seid fröhlich in Hoffnung, geduldig in Trübsal, haltet an am Gebet.« Oder: »Sei getreu bis in den Tod, so will ich dir die Krone des Lebens geben.« Wie stimmten diese Sätze zu dem Bild, das ich vorhin hinter dem Wohnküchenfenster gesehen hatte?

Und als wäre es ein Film, begann in diesem Augenblick, wie zum Gedächtnis an fast begrabene Hoffnungen und kaum noch leuchtende Ideale, die Orgel in der auf der anderen Straßenseite gelegenen Kirche zu spielen.

V.

Nun hatte ich schon eine Stunde herum. Marias Sprüche brachten mich auf den Gedanken, in meinem Poesiealbum zu blättern. Ich kramte mir mein Feuerzeug aus der Tasche, zog das kleine Buch aus dem Rucksack, lehnte es aufgeschlagen ans Lenkrad und fing sofort an zu schmunzeln: »Der Fleiß in deinen Jugendtagen wird später goldene Früchte tragen!« Ausrufungszeichen. Bald konnte ich vor Lachen nicht mehr an mich halten: »Willst du immer weiter schweifen? Sieh, das Gute liegt doch nah. Lerne nur das Glück ergreifen. Denn das Glück ist immer da!« Ausrufungszeichen. - Von »Rosen, Tulpen, Nelken« ganz zu schweigen. Alles niedergeschrieben im Brustton der Überzeugung. Hehre Worte in unsicherer Kinderhandschrift. Grenzenlose Träume, höchste Ziele, größte Erwartungen.

Mir wurde unwohl bei dem Gedanken, daß wir diese Bücher für heute abend hatten mitbringen sollen, um uns beim Rezitieren der Sprüche gegenseitig zu erheitern - zu fortgeschrittener Stunde. Könnte uns nicht unversehens der Spaß vergehen, wenn sich da mit einem Male ein Graben zeigte zwischen dem Berg kindlicher Zukunftshoffnungen einerseits und Lebenserfahrungen aus den letzten zwanzig Jahren andererseits? Ich sehe Andreas vor mir, Ingrid und Maria ... Warum sollte es allen anderen völlig anders gegangen sein? Oft braucht es nur einen kleinen Anlaß für reißende Geduldsfäden, große Katastrophen, tiefe Seufzer.

Ich blättere unwillkürlich nach einem Spruch von Maria. Aber mir fällt ein, daß sie sich - zwar charmant, aber mit Bestimmtheit - geweigert hatte. Ich hatte einmal kritisiert, daß sie ausgerechnet dem Sohn des Rektors ins Stammbuch schrieb: »Herr, du bereitest vor mir einen Tisch im Angesicht meiner Feinde.«

Noch eine halbe Stunde bis zum offiziellen Beginn. Ich steckte mir meine Lesepfeife an und sah durch das Fenster des Mähdreschers und durch das Glasdach der Maschinenhalle undeutlich den halben Mond.

VI.

Bald brach ich auf. Gerade, als ich durch die Einfahrt nach draußen ging, sah ich noch, wie jemand über den Hof lief und genau hinter jenem schweren Tor verschwand, das ich gerade hinter mir zugeschoben hatte. Mir stockte der Atem bei dem Gedanken, daß ich jetzt noch auf dem Mähdrescher säße. Man hätte mich entweder für kriminell oder für verrückt halten müssen.

Es war kurz nach 19 Uhr. In alter Tradition, eine Stunde später als in den Orten ringsum, läuteten die Glocken die Woche aus und den Sonntag ein. Für einen Moment spürte ich einen kleinen Schauer von Entspannung durch Leib und Seele fahren. Erst jetzt merkte ich, in welche Verspannungen mich die letzten beiden Stunden gebracht hatten. Deshalb war ich froh, endlich über die Schwelle des Gasthofs treten zu können und von Wärme, freundlich-überraschten Gesichtern, von Hallo und Schulterklopfen umgeben zu sein. Heidrun hatte aus alten Fotos wunderschöne Tischkarten gezaubert und Mario, der diese Gaststätte vor drei Jahren übernommen hatte, behauptete, er habe seit gestern nachmittag ununterbrochen für uns gekocht.

Nach einiger Zeit kam auch Maria dazu. Strahlend wie immer. Sie habe noch die Kinder ins Bett bringen müssen, erklärte sie uns. Sie saß mir gegenüber und nickte freundlich. Ich war verunsichert und befürchtete für einen Moment, sie könnte mich ertappt oder durchschaut haben. Aber ich wußte, daß das auszuschließen war, gab mich unbefangen, und so waren wir bald im Gespräch über Gott und die Welt, über Woher und Wohin.

Aber das Bild, das ich da gesehen hatte vor zwei Stunden, beunruhigte mich doch. Und so fragte ich irgendwann, wie sie's denn mit der Kirche hielte. Behutsam spielte ich auf ihre Kindergottesdienste und ihre Bibelsprüche an. Ich wollte sie nicht verletzen.»Was redest Du um den heißen Brei?«, fragte sie.»Bist du nicht Pfarrer geworden? Und muß das nicht Glauben genannt werden, was du meinst? Und nun willst du wissen, wie weit ich damit gekommen bin. Ist es das?« - Ich ergab mich und sagte:»Ja.«»Bis hierher«, sagte sie,»bis hierher bin ich gekommen.« Dabei stemmte sie den Zeigefinger auf den Tisch.»Und wenn das alles, wovon ich lebe, obwohl ich noch darauf warte, nicht gewesen wäre, und ich nicht hoffte, daß es noch so kommen wird, dann wäre ich jetzt nicht hier. Ich würde zu Hause sitzen und das Gesicht in den Händen vergraben müssen und Schlimmeres tun.«

Da saß ich nun, aufmerksam wie in einem Gottesdienst für die Kinder. Und ich hätte sie heilig sprechen mögen, wenn ich die Macht dazu gehabt hätte.

Mittlerweile machte Peter die Runde und sammelte die Poesiealben ein.»Kriegt ihr alles wieder«, klönte er.»Wir machen Sprüche-Raten: einen Punkt für die richtige Quellenangabe, Goethe, Schiller, Pestalozzi und so weiter, und einen für das Erraten desjenigen, der sich den Spruch für jemanden ausgewählt und eingetragen hat.«

Ich fingerte im Rucksack nach meinem Buch. Gut, daß Maria da nichts eingetragen hat, sonst könnte ich es nicht mit gutem Gewissen herausgeben. Mir wurde unbehaglich bei dem Gedanken, daß plötzlich Marias Bibelsprüche zwischen Tulpen und Narzissen zu stehen kämen und ebenso mit Beifall bedacht werden könnten. - Aber ich suchte vergebens. Das Buch war weg. Ich hatte es neben meinen Mähdreschersitz gelegt, als ich mir die Pfeife ansteckte, und dann beim Gehen mußte ich es in der Dunkelheit übersehen haben. Jetzt würde alles herauskommen. Ich würde mich bestimmt lächerlich machen und kam mir irgendwie unehrlich vor.

Ich versuchte zunächst, mir nichts anmerken zu lassen. Doch da blickte ich in ein triumphierendes Gesicht. Maria sah mich verschmitzt an und schob dann langsam mein Poesiealbum hinter der Tischkante hoch. »Gut, daß dein Name drin steht«, sagte sie. »Aber jetzt bist du mir noch eine kleine Erklärung schuldig«, sagte sie mit verwunderten Augen. So mußte ich ihr die Geschichte nun doch erzählen. Sie schien das aber alles zu verstehen. Immerhin kannte sie meine Vorliebe für große Landmaschinen von früher her und hielt mich wenigstens nicht für verrückt. Daß ich die Schatten eines Streites mitbekommen hatte, machte sie zwar im ersten Moment etwas betreten. Aber peinlich war es ihr nicht. »Dann verstehst du um so besser«, sagte sie, »was ich vorhin meinte, als ich sagte: ›Ich wäre jetzt nicht hier, wenn alles das, was wir glauben und wovon wir leben, obwohl wir noch darauf warten, nicht gewesen wäre‹ - und wenn wir nicht hofften, daß alles noch so kommen wird, wie wir es glauben.«

»Aber - wie bist du an das Buch gekommen«, wollte ich wissen. »Als ich vor zwei Jahren vom letzten Erntetag nach Hause kam«, erzählte sie, »den Motor abgestellt hatte und plötzlich Stille war ringsum, hatte ich diesen Platz als mein kleines Versteck entdeckt, als einen Ort der Ruhe, den ich brauche, um für mich zu sein. In unserer Wohnung ist dazu keine Möglichkeit. Manchmal versuche ich dort - zu beten. Und vorhin, nach jener Szene, bevor ich mich aufraffen konnte hierherzukommen, mußte ich einfach noch einmal dahin. Dort habe ich dieses Buch gefunden und gerätselt, wie es da hingekommen sei.«

Ansonsten verlief das Klassentreffen, wie ein Klassentreffen halt verläuft. Peter hatte entschieden, daß keine Bibelsprüche verlesen würden, weil wir einerseits sowieso alle wüßten, daß sie von Maria stammten, und weil außerdem - was die jeweiligen Quellenangaben beträfe - ich als Pfarrer eindeutig im Vorteil wäre.

VII.

Ich saß längst im Zug Richtung Norden. Es war drei Uhr tiefer Nacht. Die wenigen Fahrgäste hingen verschlafen über die Lehnen ihrer Sitze und wirkten wie verlassene Kinder. Und über dem Eindämmern kam mir plötzlich ein Verdacht: Das Lächeln, mit dem Maria das Buch hervorgeholt hatte, war - für ihr Wesen - eine Spur zu keck gewesen. Sie hatte doch nicht etwa ...

Ich schlug in meinem Album die letzte beschriebene Seite auf, vor der ich das Lesebändchen hatte liegen lassen. Aber was da stand, das hatte zuvor nicht da gestanden. Und dem schon morgenden Tag entgegenfahrend, las ich in betont kindhafter Schrift:

»Ich bin der Überzeugung, daß alles das, worunter wir in dieser Zeit zu leiden haben, nicht ins Gewicht fällt gegenüber der Herrlichkeit, die in uns, an uns und durch uns sichtbar werden wird. Die gesamte Schöpfung wartet in ängstlicher, äußerster Anspannung darauf, daß dies endlich geschehen möge. Und sie *wird* freikommen aus der Sklaverei der Vergänglichkeit. Sie *wird* zu der herrlichen Freiheit finden, wie sie nun einmal Kindern Gottes eigen ist. Denn das wissen wir: Daß alle Kreatur ausgezehrt ist vor Sehnsucht, sie krampft in Angst vor ihrem Schicksal. [...] Darum sehnen wir uns im Innersten nach wirklicher Gotteskindschaft und warten auf eine Erlösung, die unserem ganzen Leib zugute kommt. Und wir *sind* gerettet, wenn auch auf Hoffnung. Aber wenn wir nun wirklich auf das hoffen, was wir nicht sehen, so wollen wir es auch in Geduld erwarten« (vgl. Römer 8, 18f.21b- 24a.25). Paulus an die Römer im 8. Kapitel. Amen.

»... sondern sein Angesicht half ihnen«
(Jes 63, 7-9)
1. Christtag 1992 (25. Dezember 1992)

In einigen der Geschenkpäckchen, die gestern verteilt wurden, haben sicherlich auch ein paar Fotos gesteckt. Ich meine solche mit Gesichtern: Paßbilder, postkartengroße Porträtaufnahmen, Freundschaftsbilder. Mancher von uns hat solch ein Bild auf seinem Schreibtisch stehen, in Augenhöhe an der Wand hängen oder in der Brieftasche liegen. Wir umgeben uns mit Angesichtern oder tragen sie manchmal am Leib, weil wir gern an diese Gesichter erinnert werden. Und wenn unser Blick sie streift - manchmal zufällig, manchmal voller Sehnsucht -, dann wird mit diesen Menschen, von denen wir im Moment nur ein Abbild haben, auch alles das miterinnert, was wir einmal durch die Gegenwart dieser Menschen empfangen haben. Fotos mit Gesichtern sind Zitate von ganzen Geschichten.

Das Gesicht verrät viel von dem Menschen, der es trägt. Es ist das Aussagekräftigste am Menschen. In manchem Gesicht kann man lesen wie in einem Buch. Und wenn wir wissen wollen, woran wir mit jemandem sind, beobachten wir - bewußt oder unbewußt - sein Gesicht. Das Gesicht steht für den ganzen Menschen.

I.

Es ist Weihnachten - und viele Menschen, nicht nur Christen, betrachten in dieser heiligen Zeit *ein* Gesicht vor allen anderen. Das Gesicht, das zu dem kleinen Kerl in der Krippe gehört. Dieses Bild macht in diesen Tagen die Runde, auf Postkarten und Geschenkpapier und Laternen. Wenn Sie hinschauen - was erwarten Sie? Kennen Sie *eine* Geschichte aus Ihrem Leben, die Sie mit diesem Gesicht verbinden könnten? Haben Sie etwas von diesem Blick auf das Gesicht des Kindes in der Krippe, etwas, was jener Wirkung zu vergleichen wäre, die sich einstellt, wenn Sie auf das Gesicht Ihres Enkels oder Ihres Freundes oder liebsten Menschen blicken? Brauchen Sie dieses Gesicht des Kindes in der Krippe so, wie Sie die anderen Gesichter an der Wand oder auf Ihrem Schreibtisch brauchen?

Auf diese Bilder schauen wir, wenn wir in unserem Leben eine Lücke spüren, eine Lücke an Zuwendung oder Zugehörigkeit. Dann muß manchmal das Bild eines Menschen für seine Gegenwart herhalten. Manche werden dadurch vergewissert. Wenn Not ist, suchen wir nach einem Bild, nach einem Gesicht. Kommt dabei auch das Gesicht des Kindes in der Krippe in Betracht?

Wieviele Menschen haben sich während der Kriege gerade auch mit Bildern über Wasser gehalten. Fotografien mußten - für einen Augenblick - den dringend gebrauchten Menschen ersetzen: dem Soldaten an der Front ebenso wie für die zu Hause gebliebenen Frauen und Mütter. Wenn bestimmte Zumutungen überhandnehmen (und dazu braucht es keinen Krieg!), kann uns das Gesicht eines Menschen, mit dem wir viel Ermutigendes erlebt haben, auch jetzt ermutigen.

Indem nun die Leseordnung der Kirche in den Marginaltexten - also in den alternativen Wahltexten für die Weihnachtszeit - einen Text vorschlägt, dessen Kern und Stern ein Angesicht ist, behauptet sie: *Das könnt ihr auch von dem Angesicht erwarten, das zu dem Kind in der Krippe gehört!*

II.

Damit stehen wir mitten in der Wirklichkeit des heutigen Predigttextes. Mit einem Unterschied: Damals, vor etwa zweieinhalbtausend Jahren, hat man nicht nur nicht fotografiert. Es war auch nicht üblich, sich mit andersartigen Porträts von Angehörigen zu umgeben. Dennoch lebte man viel mehr mit Bildern als heute: Man sprach und dachte in Bildern - und konnte sich vorzüglich in Bildern an etwas erinnern. Aber man hat von dieser Fähigkeit nicht immer Gebrauch gemacht.

Das kennen Sie doch auch: Manchmal versucht man, sich selbst am Erinnern zu hindern. Hatten Sie nicht schon einmal den Wunsch, ein Porträt, das Sie an der Wand hängen haben, umzudrehen (mit dem Gesicht zur Wand) oder gar ein Bild zu zerreißen, zu verbrennen, ein ganzes Album in den Ofen zu stecken, weil die Enttäuschung zu groß war? Wie ein Foto den ganzen Menschen erscheinen lassen kann, hilft manchmal das Verschwinden von Bildern dem Verschwinden von Menschen und den mit ihnen verbundenen Geschichten nach. Aus den Augen, aus dem Sinn.

Mit unserem Predigttext befinden wir uns in der Geschichte des Volkes Israel an der Stelle, an der es gerade wieder einmal am Vergessen ist. Die Israeliten waren einfach enttäuscht. Zwar hatten sie eine schlimme Zeit endlich *hinter* sich: die mehrere Generationen während Verbannung war überstanden. Aber - sie hatten sich von der Wiedervereinigung in der Heimat mehr erwartet. Sie hatten sich in ihrem Zwangsexil ausgemalt, wie wunderbar es sein würde, endlich wieder unbehindert durch das eigene Land in Richtung Jerusalem reisen zu können, wie es sein würde, wenn sie zum ersten Mal wieder vor ihrem Tempel stünden (auch wenn davon nur noch die Ruinen zu sehen waren).

Jetzt sind sie wieder in der Heimat. Und es tut sich auch was. Die Baufirmen reißen sich darum, am neuen Tempel mitbauen zu dürfen, dessen Grundsteinlegung gerade festlich begangen wurde. Aber das alltägliche Leben ist härter als erwartet. Einige fingen schon an, nette Geschichten aus der Verbannung zu erzählen und zu meinen, daß es so schlecht auch nicht gewesen sei. Man brauchte dort nur zu arbeiten und mußte sich sonst um nichts kümmern. Kurz: Man hatte geglaubt, jetzt breche die Heilszeit an - und dann das. Und um nicht erinnert zu werden an diesen Schmerz, wurden die Bilder mit dem Gesicht zur Wand gestellt: Das Bild von der Befreiung aus der ägyptischen Sklaverei, das Bild vom Durchzug durch das Schilfmeer, das Bild von den Sättigungsmahlzeiten in der Wüste, das Bild vom Gottesbund am Berge Sinai, das Bild von den kerzendurchzogenen Straßen, das Bild der Friedensgottesdienste, das Bild der ratlosen Staatssicherheitskräfte - und schließlich das Angesicht Gottes selbst, dem man gefolgt war, dem man geglaubt hatte.

Aber das letztere - der Versuch, Gottes Angesicht an die Wand zu drehen, um ihn vergessen zu können, dieser Versuch scheitert: Er wendet sich ihnen zu. Einige bekommen das mit. Als sie sein Angesicht sehen, ist es um sie geschehen, um ihr Vergessenwollen und Vergessenkönnen. Sie berufen einen Gottesdienst ein - und einer hat dafür einen Psalm gedichtet, unseren Predigttext:

> „Ich will der Gnaden und der Ruhmestaten des Herrn gedenken in allem, was uns der Herr getan hat, und der reichen Güte an dem Hause Israel, die er ihnen erwiesen hat nach seiner Barmherzigkeit und großen Liebe. Denn er sprach: Sie sind ja mein Volk, Kinder, die nicht gänzlich untreu werden. Darum wurde er ihnen zum Retter in all ihrer Not. *Nicht ein Engel und nicht ein Bote, sondern sein Angesicht half ihnen.* In seiner Liebe erlöste er sie und hatte Erbarmen mit ihnen. Er hob sie auf und trug sie allezeit von alters her" (*Jesaja 63, 7-9*).

Wer auch immer dieses Lied gedichtet hat - sein Anlaß ist die Wiedererinnerung, ja, die Wiederentdeckung des Angesichtes Gottes. Das Sich-Wiedereinrichten in der alten neuen Heimat war so aufregend und aufreibend gewesen, daß man das Angesicht Gottes aus den Augen verloren hatte. Verlorengegangen waren auch die Geschichten, die erzählten, wie man Not überwindet: nämlich im Hin-Blick auf das Angesicht Gottes.

Deshalb dieser Psalm, der die Menschen davon abbringen soll, noch länger frustriert ins Leere zu starren, wo es doch ein Gegenüber gibt: sein Angesicht. Dieses Lied deckt einen Unsinn, der seit geraumer Zeit als normal gilt, mit einem Male auf: daß wir in der Not, in der wir stehen (und in der wir etwas zum Hinsehen Ermutigendes brauchten!), ausgerechnet auf das blicken, was uns erst recht nicht helfen kann: Auf den Gehaltsbogen, in die Regale, auf die Werke unserer Hände und Köpfe.

Daß wir so leicht hereinfallen auf Bilder und Schilder, mit denen man um unser Angesicht wirbt, um daran zu verdienen, daß wir dazu neigen, den Plakaten und Plaketten mehr Glauben zu schenken als dem Angesicht eines Menschen (geschweige denn dem Angesicht Gottes), hängt wahrscheinlich auch, wie bei den Israeliten, mit unseren Enttäuschungen zusammen. Mit persönlichen Enttäuschungen aus Beziehungen zu einzelnen Menschen, aber auch mit der Enttäuschung, daß sich nach dem Ende unserer Verbannung in ein aufgezwungenes Vaterland nicht das alles eingestellt hat, was auf den Fahnen der Wende geschrieben stand. Der Psalm aus dem Buche Jesaja rüttelt auf: *Laßt euch heilen von euren Enttäuschungen durch das Angesicht Gottes, anzuschauen in der Krippe!*

In der Krippe? Dieser Text ist etwa auf das Jahr 535 vor Christus zu datieren, in eine Zeit also, zu der noch niemand von einem Kind in einer Krippe in einem Stall gehört hatte. Und dieses Kind ist damals auch nicht gemeint gewesen, als den Israeliten das »Angesicht« des Herrn von neuem ans Herz gelegt wurde. Es ging um die Ermutigung, wieder bewußt aus der Gegenwart Gottes zu leben, aufmerksam zu werden für sein Handeln unter, mit und an den Menschen, und dabei dankbar zu werden dafür, daß sein Angesicht auf sein Volk gerichtet ist. (Wie elementar diese Wirklichkeit für uns ist, ist z.B. daran ablesbar, daß wir jeden Gottesdienst mit einem Segen schließen, in dem zweimal vom *Angesicht des Herrn* die Rede ist. Und *Angesicht des Herrn* - das hieß für den Israeliten im Klartext: Gott selbst.

Es gehört große Kühnheit dazu - und hier zeigt sich die eigentliche Kühnheit der Christen -, das Wort von jenem »Angesicht, das da geholfen hat«, von Weihnachten her zu verstehen und zu proklamieren: Wenn alle Stränge reißen - und möglichst schon vorher, wenn die Engel versagen, wenn Menschen dir nicht gerecht werden, wenn dir danach zumute ist, die Bilder aller deiner Lieben umzudrehen, dann komm und sieh: Ein Kind. Und Gott sagt: Das bin ich. Heißt das nicht, daß Gott *zu unseren Bedingungen* unter uns ist. Diese vom Elend gezeichnete Szenerie mit dem Säugling im Freßtrog eines Esels zeigt ein von unserem Leben zutiefst berührtes Angesicht Gottes. Kein »Big-brother-Gesicht« (Tilmann Moser) das sich uns nur dann zuwendet, wenn wir spuren, sondern das uns findet, wenn wir aus der Spur gekommen sind. Ich brauche dieses Gesicht.

III.

Das Angesicht Gottes, auf das wir blicken, wenn wir an die Krippe treten, hat in seiner Bedürftigkeit auch etwas von allen *den* Gesichtern, in die wir nicht so gern blicken, weil ihre Augen so erwartungsvoll auf uns gerichtet sind. Mit den Augen des Kindes in der Krippe schauen sie uns an: Die wie Maria und Josef Umhergeschickten und Herumgeschubsten, mit denen man machen kann, was man will, die Heimatlosen und Unsteten, die unser Gesicht brauchen, um zur Ruhe zu kommen, die Menschen im dunkeln, die - wie die Hirten auf dem Felde - immer in der letzten Reihe stehen und durch unser Gesicht ermutigt werden können, vorzutreten, aber auch die wie Herodes Gewaltigen: Unser wahres, unverstelltes Gesicht könnte ihnen helfen, die Nichtigkeit ihrer selbstzerstörerischen Allmachtsphantasien zu erkennen.

Das Gesicht des Christus, der nach uns fragt, ist von den anderen genausowenig zu unterscheiden wie das Gesicht eines Säuglings vom anderen. Sie sind sich zum Verwechseln ähnlich: Die Menschen, die nach uns Ausschau halten, und Gott, der uns mit seinem Angesicht helfen will.

Ich glaube, wir könnten Gott aus dem Blickfeld verlieren, wenn wir von der Krippe zurücktreten, nur weil wir finden, daß sie an Idylle verloren hat. Möge uns Gott vor diesem Kurzschluß bewahren und uns helfen, sein Gesicht zu erkennen und zu lieben. Amen.

Die andere Richtung einschlagen

(Mat 4, 12-17)
1. Sonntag nach Epiphanias (10. Januar 1993)

I.

Wenn man Jesus einladen könnte wie einen Gastredner und ihn darum bäte, uns Zeitgenossen nur eine einzige Predigt zu halten: Jesus würde den Schlußsatz aus dem Text des heutigen Sonntags zugrunde legen. Das ist eine kühne Behauptung, aber nicht aus der Luft gegriffen. Sondern das ergibt sich aus dem Bericht des Matthäus. Wir haben es also heute mit einem sehr zentralen Text der Heiligen Schrift zu tun.

Andererseits verbindet Matthäus seine Nachricht über den Inhalt der Predigt Jesu mit einem scheinbar nebensächlichen Anlaß: Jesus zieht um. Nach der Verhaftung Johannes des Täufers verläßt er Nazareth und nimmt Wohnung in Kapernaum, also im sogenannten heidnischen Galiläa. Aber dieser Umzug ist Programm. Matthäus zitiert in diesem Zusammenhang den Propheten Jesaja:

»Das Land Sebulon und Naphtali, das zum See hin liegt, jenseits des Jordan, das heidnische Galiläa, das Volk also, das in der Finsternis wohnte, hat ein großes Licht gesehen, und denen, die in dem Lande wohnten, über dem der Schatten des Todes liegt, ist ein Licht aufgegangen.«

Sie sehen, Matthäus macht so viel Aufhebens um den vollzogenen Ortswechsel Jesu, daß es sich hier um mehr handeln muß als um eine biographische Notiz. Wenn er davon spricht, daß Jesus zu den Heiden geht, dorthin, wo Menschen im Dunkeln sitzen, zu denen, die ständig vom Tode überschattet sind, gibt er zwar - wie man grammatikalisch sagen könnte - eine Umstandsbestimmung des *Ortes* an. Aber an allem, was dann kommt, an alldem, was Jesus dann dort redet und tut, wird deutlich: Es geht hier um eine Beschreibung des Auftrags Jesu an allen Menschen bzw. um ein Markierung seiner Botschaft als Botschaft für alle.

II.

Und was sagt er nun den Heiden, denen also, die gottlos sind (mögen sie nun darüber trauern oder sich freuen)? Was sagt er denen, die im Dunkeln sitzen, denen, die keine Sonne mehr sehen, denen im Schatten, die ständig den Tod vor Augen haben oder ihn sich schließlich sogar wünschen? Was sagt er den von Trübsal und Trauer und Kummer Befallenen unter uns? Denen, die es satt haben, die sich nach Licht, weil nach Wärme, und nach Wärme, weil nach Liebe sehnen?

Er sagt nicht »Kopf hoch!« Nicht »Take it easy, altes Haus.« Nicht »Ist doch alles halb so schlimm!« Nicht »Laß mich das mal machen.« Sondern er kommt mit der Predigt: *Tut Buße! Denn das Himmelreich ist nahe herbeigekommen.* - Dabei stehen wir doch noch im Weihnachtsfestkreis, und Matthäus verbindet mit der Predigt Jesu die Erfüllung einer alten prophetischen Verheißung: *Ein großes Licht ist erschienen denen, die im Dunkeln sitzen.* Epiphanias. Wie aber kann der, der von sich sagt, *Ich bin das Licht der Welt,* wie kann er gerade mit diesem Ruf unter die Menschen gehen, die nicht mehr ganz bei Trost sind: *Tut Buße! Denn das Himmelreich ist nahe herbeigekommen.*

Wenn ich das Wort »Buße« höre, denke ich zunächst an Sack und Asche. Ich denke an Zerknirschung. An Tränen. Ich denke an biblische Geschichten, in denen Menschen ihr Gewand zerreißen, um damit ihre Bußfertigkeit auszudrücken. An Menschen, die ihr Gesicht in die Hände stützen und über sich selbst verzweifelt sind. Und das sind nur die Begleitumstände der Buße. Wer möchte schon in die Lage kommen, so dazustehen, Erfahrungen machen zu müssen, die den Lebensnerv treffen - von den Nerven ganz zu schweigen? Wer möchte schon dahin kommen oder gehen müssen, daß er bußfertig wird?

Aber gerade in Anbetracht der Weltuntergangsstimmung, die der Gedanke an die Buße auslösen kann, gerade deshalb tut es not, zu verstehen und erfahren zu wollen, wie Jesus von der Buße redet. Er ruft zur Buße nicht unter Androhung des Untergangs der Welt oder des persönlichen Lebens eines einzelnen Menschen, sondern er begründet seinen Aufruf mit dem Kommen des Himmelreiches: *Tut Buße, das Himmelreich ist doch im Kommen!*

Es ist nicht so leicht, für das, was im griechischen Urtext für »Buße« steht, ein einzelnes, übersetzendes und unmißverständliches Wort zu finden. Am treffendsten läßt es sich mit einer Umschreibung sagen. Jesus wendet sich an die Menschen mit den Worten: Schlagt eine andere Richtung ein! Das Himmelreich ist doch zum Greifen nahe! Wollt ihr ausgerechnet jetzt in die falsche Richtung gehen? Nehmt allen Mut zusammen! Ändert die Richtung, und ihr werdet das Reich der Himmel betreten: Tut Buße!

III.

Was ist das für eine Richtung, in die wir - und jeder für sich - gerade gehen? Welche Richtung ist das, in die wir - und jeder für sich - seit etwa drei Jahren gehen? Und wie steht es um die Richtung, die wir - und jeder für sich - in unserem bisherigen Leben gegangen sind? Was hat uns bewogen, diese oder jene Richtung einzuschlagen? Was hat uns besessen, oder wer hat uns geritten, daß wir bestimmte Richtungen - obwohl wir sie als irreführend und verfehlt empfunden hatten - beibehielten? Wieviel Angst ist im Spiel, wieviel falscher Selbsterhaltungstrieb, wenn Menschen, statt aufeinanderzuzugehen oder wenigstens zu sich selbst zu kommen, doch lieber in die Richtung gehen, in der immer mehr und immer Besseres zu erwarten ist, nämlich in Richtung auf die Dinge.

Mancher hat in eine einmal eingeschlagenen Richtung so viel investiert, daß er um seinen Lebenssinn oder wenigstens sein Lebenswerk fürchtet, wenn er diese Richtung aufgibt. Ein anderer kam in eine bestimmte Richtung, weil er einfach mitgerissen wurde von einer Woge, die gerade in diese Richtung schwappte, oder weil der Strom der Zeit dahin floß - und er fürchtet, allein gegen den Strom nicht anzukommen. Also lieber weiter mit in die falsche Richtung geschwommen als allein in der richtigen Richtung ertrunken.

Weil Jesus - Mensch und Menschenkenner - um jene Ängste weiß, die Menschen daran hindern, die Richtung zu ändern, deshalb ruft er so zur Buße, daß er der Angst etwas entgegensetzt: Niemand, der Buße tut, fällt in einen Abgrund. Niemand, der Buße tut, läuft Gefahr, seinen Lebenssinn zu verlieren. Niemand, der Buße tut, wird ertrinken im Schwimmen gegen den Strom. Sondern wer Buße tut, betritt das Reich der Himmel.

Das Reich der Himmel ist etwas anderes als *der Himmel auf Erden,* nach dem man in der Tat in alle Himmelsrichtungen suchen kann, um ihn dann doch nicht zu finden. Das Reich der Himmel läßt sich nicht erklären anhand von Dingen, die es dort gibt, sondern wird ausschließlich durch Umstände beschrieben, in denen Menschen leben. Nämlich ohne Angst. Ohne den Zwang zur Heuchelei. Unverstelltes Leben ohne Lüge. Ohne den Verschleiß der Kräfte für Ziele, die man als nicht erstrebenswert erkannt hat. Reich der Himmel. - Und wer wollte in solchem Himmel nicht leben?!

In der eigenartigen »Buß-Predigt« Jesu schwingt die Frage mit: Wißt ihr eigentlich, was euch entgeht, wenn ihr nicht einhaltet, euch besinnt und die Richtung ändert? Ihr bringt euch um die Möglichkeit, jetzt das Reich der Himmel zu betreten - und ihr wißt, was darunter zu verstehen ist.

In welcher Richtung liegt aber nun das Himmelreich? Für diesen Sonntag könnte man sagen: Es liegt in der Richtung, aus der das Licht kommt, das für sich selbst scheint, das nicht angestrahlt oder künstlich am Leben erhalten werden muß. Und Christus sagt: Ich bin das Licht der Welt.

Aber dieses Wort ist das einzige der sogenannten Ich-bin-Worte, das Jesus sowohl für sich wie für die formuliert hat, die Buße tun: Ihr seid das Licht der Welt. Menschen, die - mit Blick auf das Licht der Welt - den Mut finden, ihre Richtung zu korrigieren, sind eine Wohltat. Licht im Dunkeln. Wo sie erscheinen, geht die Sonne auf. Sie lassen auch andere das Verlangen spüren und den Mut finden, zum Himmelreich umzukehren und Licht zu werden. Die Orientierungslosigkeit bzw. Orientierungsfähigkeit vieler Menschen ist somit immer auch ein Spiegelbild der Richtung, die *wir* einzuschlagen bevorzugen.

Laßt uns von neuem riskieren, Jesus beim Wort zu nehmen, wenn er sagt: Haltet euch an mich, haltet euch in meiner Nähe, und das Himmelreich wird nahe bei euch bleiben. Amen.

Feuer! - oder: Zum Schuhe-Aus-und-Anziehen

(2. Mo 3, 1-12)

Letzter Sonntag nach Epiphanias (31. Januar 1993)

»Jahr der Gnade 1654. Montag, den 23. November, Tag des heiligen Klemens, Papst und Märtyrer, und anderer im Martyrologium. [...] Seit ungefähr abends zehneinhalb bis ungefähr eine halbe Stunde nach Mitternacht: FEUER! ›Gott Abrahams, Gott Isaaks, Gott Jakobs‹, nicht der Philosophen und Gelehrten. Gewißheit, Freude. Gewißheit [...] Freude.«

I.

Liebe Gemeinde, dieser etwas ungewöhnliche Kanzelgruß stammt aus dem sogenannten Memorial, einem kleinen Schriftstück, das man nach dem Tode *Blaise Pascals* eingenäht in einem seiner Kleider fand. Wie immer man dieses Schriftstück kommentieren mag, es besteht kein Zweifel, daß ihn, *Pascal,* dieses Papier an eine Erfahrung erinnern sollte, die für ihn von höchster Wichtigkeit war. Aus dem Text geht aber auch hervor, daß ihm dafür die Worte fehlen. Denn so exakt er auch diese Erfahrung datiert und historisch penibel aktenkundig macht, so unklar bleibt dieses Geschehen für die, die nur den Text zur Verfügung haben. Aber immerhin, soviel kann man verstehen: Pascal berichtet von einem Zusammenhang zwischen Feuer und Gewißheit. Zwischen Feuer und Gewißheit im Sinne von *Sicherheit,* zwischen Feuer und dem zuverlässig-sicheren Wissen, daß Gott mit ihm ist. - Erlebt eines späten Abends. In der Nacht von einem Montag auf einen Dienstag. Vielleicht auf einem Stuhl sitzend. Am Schreibtisch: Feuer. Gewißheit.

Erinnert wurde ich an diesen Fall durch einen anderen Fall, der nach der Leseordnung unserer Kirche in diesem Jahr als Predigttext die Epiphaniaszeit beschließt. Da wird eine Geschichte erzählt, die für den, der sie erlebt, auch mit Feuer beginnt und mit Gewißheit endet. Ein Dornstrauch brennt, und ein Mensch läßt sich in ein Gespräch verwickeln, aus dem er nicht mehr herauskommt, ohne sich Gottes - sowohl seiner Güte als auch seines Anspruchs - gewiß zu sein. *Die unwiderstehliche Berufung des Mose oder wie Sie diese Geschichte kennen und nennen.* Warum nicht: *»Wie sich Mose beim Schafehüten durch eine alltäglich-nichtalltägliche Begebenheit ablenken ließ und infolgedessen seines Gottes gewisser wurde als ihm lieb war"*?

Zwei Fälle, die nicht *mein* Fall sind; und das Motiv, das am ehesten in mir das Verlangen wecken könnte, auch einmal zu erleben, was jene beiden erlebt haben, ist wiederum in diesen Fällen gar nicht vorauszusetzen: Der Wunsch nämlich nach einer kleinen *Privatoffenbarung.* Weder Pascal noch Mose haben auf das gewartet, was sie erleben. Das Nichtalltägliche trifft sie mitten in ihren alltäglichen Beschäftigungen.

Heute wird das Unerhörte dieser Begebenheiten - nicht zuletzt infolge unzähliger Erklärungen - kaum mehr empfunden. Dabei könnte die praktisch vorstellbare Kreuzung jener beiden Geschichten im hier und heute so aussehen, daß ich lesend an meinem Schreibtisch sitze wie Pascal und plötzlich vor mir den Christbaum in Flammen stehen sehe wie Mose den Dornstrauch. Dann die Stimme, die mich bei meinem Namen ruft, die mich warnt, näher heranzutreten und mich die Schuhe auszuziehen heißt. - So wenig ich mir eine *solche* Erfahrung wünsche, gegen eine so vergewissernde Ermutigung hätte ich nichts einzuwenden. Dafür würde ich auch meine Schuhe ausziehen:

II.

(6) [...] »Ich bin der Gott deines Vaters, der Gott Abrahams, Isaaks und Jakobs.« Da verhüllte Mose sein Angesicht; denn er fürchtete sich, Gott anzuschauen. (7) Und der Herr sprach: »Ich habe das Elend meines Volkes in Ägypten gesehen, und ihr Schreien über ihre Treiber habe ich gehört; ja, ich kenne ihre Leiden. (8) Darum bin ich herabgestiegen, um es aus der Gewalt der Ägypter zu befreien und es aus diesem Land herauszuführen [...]. (9) Jetzt aber, siehe, das Schreien der Israeliten ist zu mir gedrungen, ich habe ihre Bedrängnis gesehen [...]. (10) So gehe nun! Ich will dich zum Pharao senden. Führe mein Volk [...] aus Ägypten heraus!«

Mit diesen Worten im Ohr, erleichtert, daß die Sache mit dem brennenden Christbaum nur ein alpverdächtiger Tagtraum war, werde ich abgelenkt durch wirkliches Feuer. Es ist anderer Natur als das des Dornstrauchs: verheerend und verzehrend: In Greifswald, Mölln, Duisburg und andernorts brennen Wohnungen von Asylanten, vor Sumatra brennen tausende Tonnen Rohöl, im ehemaligen Jugoslawien brennen bosnische Häuser - und brennen wirklich. Da braucht mir keiner mehr zu sagen: »Zieh' deine Schuhe aus.« Die zieht es einem von selbst von den Füßen.

Ich will eben wegschaun, da erreicht mich aus dem Feuer eine Stimme, keine angenehme, eher ein Schreien - und es ist zu spät. Ich bin verwickelt. Es ruft aus diesem Feuer, und ich höre meinen Namen wie Mose den seinen. Da bekomme ich es mit der Angst zu tun, weil ich fürchte, zu den »Löscharbeiten« herangezogen zu werden. Denen bin ich doch nicht gewachsen.

(11) Mose aber sprach zu Gott: »Wer bin ich, daß ich zum Pharao gehe und die Israeliten aus Ägypten herausführe?« (12) Er erwiderte: »Ich werde mit dir sein. Und dies soll dir als Zeichen dienen, daß ich es bin, der dich sendet: Wenn du das Volk aus Ägypten herausgeführt hast, werdet ihr Gott auf diesem Berg verehren.«

Verstohlen betrachte ich mein Bäumchen, ob aus ihm etwas *dergleichen* spreche. Aus seinen stillen Kerzen, aus seinem verhaltenen Glanz, aus seinen immer noch grünen Zweigen. Wer sagt *mir,* was Mose hören durfte? Wo ist die Stimme, die so viel Mut macht und so viel zumutet, wo ist jemand, der mir unumwunden erklärt und mit Feuer besiegelt: „Ich werde mir dir sein." Spricht *das* aus den Feuern, die ich für einen Moment übersehen konnte? Wie komme ich zu dieser Vergewisserung? Wie kommt das Feuer in den Dornstrauch?!

III.

Das Feuer des Dornstrauchs in der Wüste hat sich am Leid des Volkes Gottes entzündet. Das hat gereicht. Das Geschrei der Geschund'nen hat sein Kommen zur Folge.

Diese Begebenheit am Rande der Steppe ist erst an zweiter Stelle Erfahrung eines Menschen. An erster Stelle ist sie eine Geschichte aus dem Dasein Gottes für den Menschen. Sie könnte die Überschrift haben: *Wie Gott in Anbetracht des Leidens seines Volkes das Hören und Sehen so vergangen war, daß er in einem brennenden Dornstrauch erschien.* Bevor Mose hört, daß er hingehen soll, nimmt er wahr, daß Gott hergekommen ist, um sich mit ihm zu verbünden.

Ich beginne ängstlich zu ahnen, worauf das hinauslaufen wird, und werde wieder an anstehende »Löscharbeiten« erinnert. Asylantenwohnungen, Öltanker, Häuser. Wir? Unglaublich! Unmöglich! Andererseits sind die Anfänge der Befreiung der Israeliten aus der Sklaverei an Unglaublichkeit kaum zu unterbieten: Ein Schafhirte vor einem brennenden Dornstrauch macht gegenüber einem unterjochten Volk keinen verheißungsvolleren Eindruck als ein Münsteraner vor einem von 20 Uhr bis 20.15 Uhr brennenden Bildschirm gegenüber dem Terror in Deutschland und andernorts.

Darum - das kann nur vertraulich gesagt werden -, darum laßt uns weder wegschauen noch schamlos verweilen bei der Faszination der Flammen. Laßt uns nicht zu Gesellschaftern der entsetzten Schaulustigen werden, die allemal zu begeistern sind durch die Originalvideos von den Originalkatastrophen bei RTL. Gerade weil es nur wenige Erfahrungen neben der des Feuers gibt, die in so starkem Maße der Erfahrung des Heiligen entsprechen - furchterregend und faszinierend in einem zu sein -, deshalb laßt uns die Schuhe wieder anziehen, die es uns ausgezogen hat. Um loszugehen, wohin auch immer wir gesendet sind.

Das Kirchenjahr bietet hierfür eine ebenso verständnisvertiefende wie praktische Hilfe an. Wir stehen am Ende der Epiphaniaszeit. Heute feiern wir noch einmal, daß Er erschienen - also jetzt da ist. Bevor Er Mose dazu brachte, »Hier *bin* ich!« zu rufen, hat er ihn vergewissert: »Hier bin *ich!*« Diese Nachricht hat sich durch die ganze Epiphaniaszeit hindurchgezogen. Und sie hat Auswirkungen auf die Beantwortung der Frage, wer wir sind und was wir können: Gott nimmt Mose, der ihm rhetorisch entgegenhält: »Wer *bin* ich denn?!«, mit dieser Frage ernst und erklärt: »Wer du bist? Du bist der, mit dem ich sein will.« Eine Bestimmung des Menschen, mit der es sich leben - und losziehen läßt.

Der Weg, den Mose ging, als er aufbrach vom Dornstrauch und den Schafen, ist wiederum der Strecke ähnlich, die vor uns liegt. Nicht nur im Hinblick auf das Kirchenjahr, das uns jetzt in die Vorfastenzeit und auf die Passion zuführt. Sondern die Zähigkeit und der Zorn, die aufreibenden Gespräche mit dem Volk und die fruchtlosen Diskussionen mit dem Pharao, das sind unumgängliche Wegzeichen eines Gottes, der sich an Menschenleid nicht gewöhnen lassen will. So gesehen sind diese Symptome aber letztlich die ermutigende Begleitmusik derer, die sich, wie Mose, neu bestimmen lassen: »Wer *sind* wir denn!?« - Welche, mit denen Gott sein will.

Glauben wir das, wird uns das »Hier bin ich!« nicht im Halse steckenbleiben, wenn uns Gott aus den heißen und kalten Feuern der Gegenwart beim Namen ruft. Amen.

Jahr der Gnade 1993. Sonntag, den 31. Januar, Tag des heiligen Johannes Bosco, Todestag von Bischof Otto Dibelius. 11.30 Uhr. FEUER! Der Gott Abrahams, Gott Isaaks, Gott Jakobs, auch der Philosophen und Gelehrten, schenke uns die Gewißheit seiner Nähe und Freude an seiner Begleitung. Amen.

Register der biblischen Bezugstexte

Wilfried Engemann

Persönlichkeitsstruktur und Predigt

Homiletik aus transaktionsanalytischer Sicht

Auch die Predigt vollzieht sich „in, mit und unter" den Bedingungen zwischenmenschlicher Kommunikation. Dazu gehören bestimmte Grundauffassungen des Predigers (und Hörers), persönliche Haltungen zu den Themen des Tages und der Zeit, bewußte und unbewußte Motive zum Reden und Hören, Eigenheiten seiner Persönlichkeitsstruktur.

„Hier wird konsequent ernst damit gemacht, daß die Predigt den Gesetzmäßigkeiten der Kommunikation unterworfen ist. In einer Predigt ist nicht nur Gottes Wort ‚unterwegs‘; unterwegs ist auch der Prediger. Die Subjektivität des Predigers muß akzeptiert werden, sie ist aus dem Predigtgeschehen nicht herauszudividieren. Und in das Predigtgeschehen gehen natürlich auch die Hörer ein, auch sie sind ‚unterwegs‘ - sie suchen dieses oder jenes in der Predigt, sie sind geneigt, sich zu ärgern oder zu freuen, sie achten vielleicht auf Schwachstellen …
Engemann kommt das Verdienst zu, für solche Interaktionsmuster ein scharf geschliffenes Analyse-Instrumentarium bereitgestellt zu haben; und man kann nur hoffen, daß es in der Homiletik auch genutzt wird. Und zwar nicht nur zur Analyse, sondern auch zur Therapie homiletischen Fehlverhaltens."

Walter Rebell

2., im Literaturverzeichnis aktualisierte Auflage, 117 Seiten, Broschur, DM 16,80, ISBN 3-374-00868-2

Evangelische Verlagsanstalt

Albrecht Schönherr

Gratwanderung

Gedanken über den Weg
des Bundes der Evangelischen Kirchen in der
Deutschen Demokratischen Republik

„Eines aber wollen wir nicht zugeben: daß wir, die wir in der DDR
gelebt haben und aus guten Gründen dort geblieben sind, an den
Pranger gestellt werden, jeder Passant nimmt sich das Recht, uns zu
beschimpfen. Die Kirche, seinerzeit hoch angesehen, wird heute mit
Hohn und Spott begossen. Den Kommunisten ist es nicht gelungen,
das tiefgehende Vertrauen der Bevölkerung in die Kirche und ihre
Vertreter zu zerstören. Das geschieht heute in hohem Maße, syste-
matisch und mit schlimmer Leichtfertigkeit …“

Bischof i.R. D. Albrecht Schönherr, von 1969 bis 1981 Vorsitzender
der Konferenz der Kirchenleitungen, skizziert die wichtigsten Ereignisse und Entscheidungen, die den Weg des BEK bestimmten.
Diesen Weg gingen die evangelischen Christen in der DDR in der
Überzeugung, „daß es für Gott keine weißen Flecken auf der Land-
karte gibt und daß er trotz des DDR-Staates und auch durch ihn Gutes
und Lebenerhaltendes in diesem Raum zu schaffen vermag.“

68 Seiten, fest gebunden, DM 9,80,
ISBN 3-374-01405-4

Evangelische Verlagsanstalt

Das Signal von Zeitz

Reaktionen der Kirche, des Staates und der Medien auf
die Selbstverbrennung von Oskar Brüsewitz 1976
Herausgegeben von Harald Schultze

Erstmals werden die wichtigsten Dokumente zur Selbstverbrennung
des Zeitzer Pfarrers gesammelt vorgelegt. Sie umfassen unter anderem Pressemeldungen und Gesprächsprotokolle staatlicher und
kirchlicher Stellen, Reaktionen der Kirchenleitung Magdeburg und
der Bundessynode, den Abschiedsbrief des Pfarrers und die Predigt
an seinem Grab, eine Dokumentation seines Lebens und seines
Dienstes und weitere Reaktionen auf seinen selbstgewählten Tod.

Aus dem Inhalt:

Einführung und Problemorientierung
Einordnung der Dokumente
Kommentar zur Medienresonanz
Erinnerungen eines Zeitzeugen

Dokumente (Auswahl):
Ärztliches Bulletin Bezirkskrankenhaus Halle-Dölau
Abschiedsbrief Oskar Brüsewitz
Erste Pressemeldungen
Protokoll der Sondersitzung der Kirchenleitung vom 21. 8. 1976
Brief von Philip Potter
Bestattung Oskar Brüsewitz am 26. 8. 1976 in Rippicha
Stellungnahme der Bundessynode
Brief von 35 Mitgliedern der SED an Erich Honecker
Einschätzung des Vorgangs aus dem Ministerium für
Staatssicherheit

430 Seiten, Broschur, DM 29,80, ISBN 3-374-01427-5

Evangelische Verlagsanstalt